Le Livre de Poche
Jeunesse

Alain Royer et Emmanuel Baudry, nés l'un en 1947 en Côte d'Or, l'autre à Paris en 1945, se sont rencontrés à la faculté des lettres où tous deux faisaient leurs études. Ils ont écrit depuis, en collaboration, des livres pour la jeunesse et des adaptations de films. E. Baudry a publié seul plusieurs romans et s'est occupé, pendant deux ans à Londres, de terrains de jeux pour les enfants. A. Royer, chargé de cours à l'université, est spécialisé dans la "théorie de la grammaire". Il pratique en outre la gravure sur cuivre, et a fondé une maison de production qui réalise des téléfilms, notamment à partir de séries écrites avec son complice Baudry.

Histoire de fous, de clous, de sous et tout...

DES MÊMES AUTEURS

Dans la Bibliothèque Rose :

Les palissades de la rue Longuepente

Alain Royer
Emmanuel Baudry

Histoire de fous, de clous, de sous et tout...

Illustrations de
Daniel Maja

Hachette

1

« Clocpatacloc... clocpatacloc... »

La sonnerie du réveil contraignit Vincent à ouvrir l'œil gauche. Il le referma aussitôt, bien décidé à se rendormir. Pas question d'aller au C.E.S. un jour de compo d'histoire. Il ne savait rien ou presque et ne pouvait guère compter sur ses copains Paul et Cécilia.

Sa mère vint, cinq minutes plus tard, l'extraire de son lit. Vincent lâcha un « flûte de flûte de sacrebouille d'embouille » excédé et navigua au radar jusqu'à la salle de bain.

Après avoir pris sa douche, il entreprit, quoique âgé d'à peine douze ans, de se raser avec le rasoir électrique antédiluvien de son père. Le bruit épouvantable de l'engin le mettait de bonne humeur. Sa mère l'expulsa de la salle de bain en se moquant de lui et il retourna en riant dans sa chambre enfiler son costume trois pièces en tweed. Il détestait les jeans, qu'il considérait comme un uniforme bon pour ses parents.

« M'man, je vais préparer le petit déjeuner ! lança-t-il après s'être contemplé dans la glace de l'entrée.

— Heureusement que je ne suis pas pressée ce matin », ironisa sa mère qui sortait de la salle de bain, vêtue d'un peignoir chinois brodé d'innombrables oiseaux multicolores.

Vincent se dirigea vers la cuisine, fit chauffer de l'eau, prépara un thé pour sa mère et un café pour lui. Le pain était un peu rassis ; il entreprit de le faire griller avec application et lenteur. Il ralentit encore ses gestes en pensant à la composition d'histoire avec M. Rontiard qu'il détestait. Ce professeur qui gesticulait beaucoup avait en outre la manie de passer au hasard la main sur la tête d'un élève en lui ébouriffant les cheveux d'un geste sans doute affectueux mais insupportable pour Vincent qui, un jour, s'était levé d'un bond et s'était écrié :

« Inutile de me chercher des poux, je n'en ai pas ! »

Rouge de colère, M. Rontiard avait hurlé :

« Dehors, Vincent Larchand. Fichez-moi le camp ! »

Et, depuis cet incident, jamais plus la

main de M. Rontiard ne s'était posée sur la tête de Vincent.

Les premières tartines étaient grillées. Vincent les beurra. D'un air rêveur, il regarda le beurre fondre avant de commencer à manger. Sa mère vint s'asseoir en face de lui. Vincent l'observa et se demanda comment elle avait fait pour se laver, se maquiller et se peigner si vite.

« J'aurais dû partir avec papa, déclara-t-il.

— Tu sais bien que ce n'était pas possible, répondit sa mère en haussant les épaules.

— Je ne vois pas pourquoi ! Enfin, il a de la chance d'être adulte, lui... »

M. Larchand, ingénieur chimiste, en avait assez d'inventer des lessives qui ne se différenciaient les unes des autres que par leurs noms. Il avait décidé d'arrêter quelque temps, s'était octroyé huit jours de vacances, mais ne manifestait pas l'intention de se remettre tout de suite au travail.

« Et quand il retravaillera, c'est toi qui vas t'arrêter ? » reprit Vincent.

Sa mère eut un geste évasif de la main.

« Je ne sais pas. Mais s'il trouve un mi-temps, j'essaierai probablement de travailler à mi-temps aussi.

— Formidable ! Et moi j'irai au C.E.S. à mi-temps. C'est dément de rester enfermé dans cette prison toute la journée.

— Peut-être. On reparlera de tout ça.

Il est temps que tu y ailles. Et moi aussi d'ailleurs. »

Mme Larchand, qui était professeur d'anglais dans un C.E.S., mais pas celui de son fils, partait le matin presque en même temps que lui.

Vincent alla prendre son cartable, dit au revoir à sa mère et sortit. C'était le mois de mai, il faisait beau, mais encore un peu frais le matin.

Comme tous les jours, il alla chercher Cécilia. Cela lui occasionnait un tout petit détour, mais il aimait bien déambuler dans les rues étroites de « son » quartier. Souvent, elle l'attendait au bas de la vieille maison grise qu'elle habitait. Pas ce matin-là. Vincent monta rapidement les escaliers sombres et sonna. Cécilia vint lui ouvrir. Aussi brune qu'il était blond, avec de grands yeux noirs pétillant de malice, elle était à peu près de sa taille. Vincent constata qu'elle portait un jean et un chandail marin bleu marine, comme toujours. Il rêvait de la voir s'habiller un peu moins à la garçonne et lui avait plusieurs fois exposé ses théories vestimentaires. Cécilia l'écoutait chaque fois attentivement, quoiqu'un peu amusée, mais ne changeait rien à sa tenue.

« Tu sais qu'on est en retard ? demanda Vincent en riant.

— Je l'espère bien », soupira Cécilia en l'entraînant dans les profondeurs de l'appar-

Sa mère vint s'asseoir
en face de lui....

tement jusqu'à sa chambre, un invraisemblable capharnaüm.

« Oui, mais ça ne sert à rien puisque la composition est en deuxième heure.

— C'est vrai, mais c'est toujours ça de pris. »

Cécilia empoigna le grand sac en osier qui lui servait de cartable, dit au revoir à sa mère, qui resta invisible mais répondit, et ils descendirent. Paul, lui, habitait sur le chemin du C.E.S. Il attendait ses amis assis sur le capot d'une voiture, en feuilletant fébrilement son livre d'histoire. Dès qu'il aperçut Cécilia et Vincent, il se leva.

Paul avait les cheveux châtains, un nez minuscule et de petits yeux rieurs. Quoique du même âge que ses amis, il était un peu plus grand qu'eux. Très fort et assez timide, il s'habillait plutôt comme Cécilia et se moquait ouvertement de Vincent.

« Grand-père a mis son foulard des grands jours ! C'est en l'honneur de Rontiard ? demanda-t-il à Vincent en imitant la voix chevrotante d'un vieillard.

— Si tu veux que je te réécrase le nez, tu n'as qu'à continuer, grogna Vincent. Tu sais très bien que je n'ai pas de “foulard des grands jours”. Je n'ai pas, moi, ma tenue des dimanches dans une housse pleine d'antimite et de naphtaline, espèce de plouc... »

Vincent faisait de temps en temps allusion au nez de Paul. Deux ans auparavant, Paul

il feuilletait fébrilement son livre d'histoire..

avait un jour lancé en rigolant à Vincent, qu'il connaissait très mal :

« Larchand ne fait pas le bonheur ! »

Vincent qui avait trouvé cette plaisanterie stupide avait riposté en lui écrabouillant le nez. En dépit de cette prise de contact un peu violente, ils étaient rapidement devenus de bons amis. Cécilia, arrivée l'année suivante dans leur classe, leur avait été aussitôt sympathique. Ils formaient depuis un trio inséparable et redouté des enseignants.

« Paul, insinua Cécilia d'une voix doucereuse, j'ai l'impression que tu as eu le temps de bien réviser, tu vas nous aider.

— Tu parles, je ne sais rien. Moi qui comptais sur vous ! »

Les trois amis arrivèrent aux abords du passage Paul-Émile Grandnor, un souterrain qui permettait de traverser une avenue à grande circulation et d'éviter un détour. Ils s'y engagèrent sans se presser.

« On doit déjà être drôlement en retard, fit remarquer Paul, y a pas un chat dans le passage. »

A ce moment précis, quelqu'un déboucha à l'autre extrémité. C'était une fille de leur âge, blonde comme Vincent, les cheveux flottant sur les épaules. Elle était curieusement habillée d'une sorte de robe métallisée et portait des bottines en caoutchouc rouge vif.

« C'est rétro ou c'est punk, ça, monsieur le spécialiste ? demanda Paul à Vincent, tandis que la fille s'approchait lentement d'eux.

— Ni l'un ni l'autre. C'est bizarre. Il faudra que je complète ma documentation. »

La fille marchait droit sur le trio. Elle tenait un étrange objet métallique à la main et regardait fixement Vincent. Celui-ci constata qu'elle avait des yeux verts très pâles, et quelque chose dans son visage l'intrigua sans qu'il puisse préciser quoi.

« Elle a l'air fascinée par ton costume, murmura Cécilia, tu devrais lui donner l'adresse de ton tailleur. »

La gêne de Vincent était si visible que Paul n'osa pas insister. Une fois arrivée à leur hauteur, l'inconnue se jeta de côté et bouscula violemment Vincent.

« Mais c'est une dingue celle-là, ou quoi ? s'écria-t-il, inquiet et furieux à la fois.

— On dirait qu'elle l'a fait exprès, remarqua Paul. Tu dois avoir une gueule qui ne lui revient pas.

— Oui, c'est curieux, ajouta Cécilia, et qu'est-ce que c'est que ce truc qu'elle avait à la main ? »

Ils se retournèrent. La fille s'était arrêtée à une dizaine de mètres et, les mains sur les hanches, regardait Vincent avec déception et colère.

« Elle me ferait presque peur, grogna-t-il.

la fille
marchait
droit
sur le trio....

— T'affole pas, on est là, ironisa Cécilia en souriant. Elle a peut-être pour mission d'assassiner quelqu'un et te prend probablement pour un autre. »

Vincent était trop troublé pour réagir. Ils se remirent en marche en se retournant tous les cinq mètres. L'inconnue avait rangé son étrange objet métallique dans un petit étui en cuir. « On aurait dit une lampe de poche », pensa Vincent. Plusieurs personnes descendirent alors dans le passage et firent diversion. Les trois amis atteignirent bientôt la sortie, montèrent les escaliers en courant et se retrouvèrent seuls, à l'air libre. Mais pas pour longtemps. La fille déboucha quelques instants plus tard, regarda autour d'elle et entreprit de les suivre.

« Non mais c'est pas vrai ! Regardez, elle nous colle aux talons, grogna Paul, facilement inquiet.

— Puisque apparemment c'est à toi qu'elle en a, tu devrais aller lui demander ce qu'elle veut, proposa Cécilia à Vincent.

— Qu'est-ce que tu veux que je lui dise ? Je ne l'ai jamais vue. Mais tu as peut-être raison après tout », concéda Vincent qui se retourna et marcha droit vers l'inconnue. Celle-ci, aussitôt, s'enfuit à toutes jambes en heurtant plusieurs passants qui manifestèrent bien haut leur mécontentement. Vincent se lança à sa poursuite, mais s'arrêta quelques mètres plus loin. L'inconnue regarda par-dessus son épaule et s'immobilisa à son tour, à demi cachée derrière un tronc d'arbre. Vincent hésita, haussa les épaules et rejoignit ses amis. La fille avait rebroussé chemin et repris sa filature. Le doute n'était désormais plus possible. Paul et Cécilia entourèrent Vincent complètement abasourdi. Oubliant leur envie d'arriver en retard, les trois amis pressèrent le pas.

« C'est peut-être une nouvelle qui vient dans notre classe, dit Paul.

— Tu trouves ça drôle ? » demanda Vincent agacé.

Ils arrivèrent au C.E.S. Monteverdi, curieux mélange de locaux vétustes et de bâtiments neufs, et traversèrent la cour. L'inconnue apparut à l'entrée. Elle se tint un moment immobile sur le seuil, hésita, puis les suivit.

« Dépêchez-vous, couina le concierge en fermant la grille derrière elle, vous êtes en retard. »

Mais elle ne l'écoutait pas et gardait obstinément les yeux fixés sur Vincent.

2

Paul commençait à s'étonner sérieusement.

« Non mais tu as vu, elle est entrée dans le C.E.S. !

— Qu'est-ce que tu veux que j'y fasse, que j'alerte les pompiers, la police... ? » grogna Vincent qui avait horreur qu'on souligne les évidences.

Ils se mirent à courir et atteignirent, hors d'haleine, leur classe au moment précis où Mlle Albertine Dutillard commençait son cours dc mathématiques.

Cécilia voulut présenter des excuses, mais le professeur les expédia à leurs places d'un geste magnanime. Ils faillirent pousser un cri de stupeur en voyant l'inconnue entrer dans la classe. Il y eut un petit moment de flottement car de toute évidence personne ne la connaissait. Seule Mlle Dutillard resta impassible. Il faut dire qu'elle enlevait ses fines lunettes cerclées de métal au début de chaque cours; elle avait un jour expliqué que les lunettes la gênaient pour penser mathématiques. Elle réitéra donc son geste magnanime à l'égard de l'inconnue et celle-ci alla s'asseoir, sans gêne apparente, au fond de la classe, à côté de Marc Lanveau, un vrai cancre qui passait son temps à rêver de choses connues de lui seul.

« Tu as vu ? souffla Cécilia.

— Oui, je vois les gesticulations d'une baleine rose à pois verts, grogna Vincent excédé.

— Non, mais ! » tonna Mlle Dutillard. Elle était myope comme une taupe mais avait l'oreille fine. « Qui ose me comparer à ce cétacé en voie de disparition ?

— Moi, mademoiselle ! s'écria Vincent, avec un sens très aigu des responsabilités.

— Mon petit Larchand, vous me dessinerez sur une feuille de papier format raisin toutes les espèces de cétacés peuplant encore les mers du globe et nous afficherons votre chef-d'œuvre pour l'édification de vos condisciples.

— En couleurs, mademoiselle ? demanda Vincent en s'empressant de tout noter dans un agenda qu'il sortit de la poche intérieure de son veston.

Melle Dutillard

— Oui, et je ne veux pas moins de six couleurs différentes !

— Ce sera en sextochromie alors, ajouta Vincent imperturbable.

— C'est quoi, ça ? demanda Marc Lanveau, tiré de sa torpeur par la venue d'une inconnue à côté de lui.

— Un procédé de reproduction en couleurs qui n'existe pas, expliqua Vincent.

— Dites-moi, Larchand, vous voulez peut-être prendre ma place et faire un cours sur l'imprimerie ? gronda Mlle Dutillard en fronçant les sourcils et en secouant furieusement sa longue chevelure blonde.

— Oh ! non, mademoiselle, excusez-moi ! »

Mlle Dutillard fit une courte pause, puis reprit ses explications en arpentant l'estrade.

« Tu l'as échappé belle », murmura Cécilia avec un sourire amusé.

Sans répondre, Vincent rajusta son foulard d'un geste négligent.

« Crâneur », grogna Paul. Il flanqua un grand coup de pied dans les fesses de son ami, traîtrise qui lui était d'autant plus aisée qu'il occupait la place juste derrière lui.

Paul, fort prudent de nature et ennemi du risque inconsidéré, était un peu jaloux des chahuts monstres que déchaînait Vincent. Il n'arrivait pas à se défaire tout à fait de l'idée que c'était une façon pour son ami de draguer Cécilia, tout en sachant pertinemment que c'était faux.

Mlle Dutillard allait aborder un point très épineux et infiniment complexe d'une théorie mathématique nouvelle, lorsque l'inconnue se leva et alla se pencher sur l'épaule de Vincent.

Ce dernier, qui avait mis un point d'honneur à ne pas regarder ce qu'elle devenait, mais était renseigné minute par minute grâce à Cécilia, sursauta comme si vingt-huit oursins lui avaient piqué les fesses.

« Quoi, qu'est-ce qu'il y a ? demanda-t-il en tripotant nerveusement le nœud de son foulard.

— Ne roule pas ces yeux de merlan frit et suis-moi ! »

La voix de l'inconnue était merveilleusement suave et coula comme du miel dans l'oreille de Vincent. Il rougit comme une fraise des bois.

« Elle est dingue, c'te nana ! » grommela Cécilia qui s'aperçut du trouble de Vincent et fronça les sourcils.

Mlle Dutillard comprit qu'il se passait quelque chose et sortit de ses gonds.

« Écoutez, Larchand, si vous continuez, je vous mets la tête au carré ! »

L'étude des mathématiques n'avait pas empêché le jeune professeur de pratiquer le judo, le karaté, le kung fu, l'aïkido et le vô vietnamien. Le professeur de gymnastique, qui n'était qu'une modeste ceinture noire deuxième dan, lui vouait d'ailleurs une passion échevelée. Sans retour, car Mlle Dutillard détestait les sportifs.

Vincent sentit le vent du boulet et chercha désespérément le moyen de s'en tirer. Ce fut Marcel Lambert, un élève qu'il n'aimait guère, qui sauva la situation.

« Mademoiselle, beugla-t-il de sa voix de fausset — le pauvre redoublant muait, ce qui n'avait rien retiré à son aplomb de cancre railleur —, y a une nouvelle ! La nana qui cause à Larchand, personne l'a jamais vue... »

Mlle Dutillard rallia son bureau, chaussa ses lunettes, fronça les sourcils et, comme à l'accoutumée, prit très rapidement la décision qui s'imposait :

« Eh bien, mademoiselle, présentez-vous ! »

L'inconnue eut l'air très embarrassée et bredouilla :

« Euh... je suis la correspondante togolaise de Vincent Larchand... qui m'a proposé de... venir assister à quelques cours pendant mon séjour en France. »

Vincent resta la bouche ouverte comme une carpe privée d'oxygène, Cécilia laissa tomber son stylo bille et Paul faillit s'étrangler en avalant les trois bonbons qu'il mâchouillait.

« Ah ! oui, grinça Mlle Dutillard, et moi qui suis esquimaude en mission ethnographique j'aimerais bien savoir pourquoi vous

« Je suis la correspondante togolaise de Vincent... »

n'avez pas daigné m'informer de votre présence. »

Une vague de rire, accompagnée d'un roulement de pieds, déferla sur la classe.

« Silence ! » dit Mlle Dutillard d'une voix si calme et si coupante que le bruit cessa immédiatement.

Mlle Dutillard glissa lentement le doigt dans le col de son chemisier violet. Elle en avait soixante-dix-huit, Vincent les avait comptés, et tous étaient d'une nuance de violet différente. Le silence s'appesantit, ce geste étant toujours le prélude des gros orages. Elle s'assit à son bureau, caressa rêveusement le quart d'eau minérale dont elle faisait une consommation régulière entre les cours. L'anxiété grandit encore. Vincent sentit une goutte de sueur ruisseler sur sa tempe, hésiter sur sa lèvre, perler sur son menton, puis s'écraser sur sa feuille blanche.

« Marcel », dit Mlle Dutillard d'une voix à peine perceptible.

Celui-ci se leva avec un sourire mi-ironique, mi-inquiet.

« Marcel, veuillez conduire notre invitée d'honneur chez M. le principal qui, plus au courant que moi des usages diplomatiques, saura quoi en faire.

— Est-ce que mon correspondant peut m'accompagner ? » demanda l'inconnue avec un sourire enjôleur.

Vincent vira au rouge brique et faillit

crier : « Mademoiselle, je ne vous connais pas ! », mais il ne dit rien.

Mlle Dutillard eut un geste las de la main :

« Déguerpissez tous les trois et que je ne vous revoie pas si vous n'êtes pas porteurs d'une solution administrativement satisfaisante. »

Marcel se répéta mentalement la phrase. Mlle Dutillard avait l'habitude d'employer des tournures de plus en plus compliquées à mesure que sa colère grandissait, et Marcel était grand amateur de complications dans tous les domaines. Vincent se leva, très pâle, mais sortit dignement à la suite de Marcel et de l'inconnue. Une fois arrivé dans le couloir, il ne put s'empêcher de grogner :

« Bon, maintenant, mademoiselle la Togolaise, j'espère que vous allez me dire ce que signifie ce cinéma ! »

L'inconnue qui serrait son mystérieux étui sur sa poitrine eut un sourire désarmant, mais ne dit rien. Vincent remarqua de nouveau qu'elle avait les yeux verts et que le gauche était légèrement plus foncé que le droit. « Comme moi », pensa-t-il.

« C'est vrai que t'es Togolaise ? demanda Marcel qui, lui, était toujours et partout parfaitement à l'aise. Pourquoi t'es blanche alors ?

— Parce qu'il y a des Blancs qui vivent en Afrique, répondit l'inconnue. Mais j'aimerais parler à mon correspondant en tête-à-tête. »

Marcel, visiblement vexé, hésita et regarda Vincent qui se taisait ostensiblement.

« Bon, d'accord, dit Marcel sèchement, je vous laisse. »

Et il s'en alla en courant après avoir arraché brutalement l'étui des mains de l'inconnue.

Celle-ci eut un moment de panique et se lança aussitôt à sa poursuite. Mais il était le vice-champion du soixante mètres au C.E.S. et elle le perdit bientôt de vue dans le dédale des couloirs. Vincent, qui tentait de la suivre mais avait horreur de courir en costume trois pièces, fut heureux de la voir s'arrêter.

« Flûte de flûte de sacrebouille d'embouille », pesta l'inconnue en tapant du pied.

Vincent fut complètement ahuri de la voir employer son juron favori. Il croyait bien être le seul à l'utiliser.

« Cette fille m'espionne, mais depuis combien de temps ? » pensa-t-il, et il ajouta tout haut :

« Écoutez, j'en ai marre de cette histoire. Je ne vous connais pas et, franchement, je ne joue plus.

— Je te promets que je te dirai tout ce que je peux te dire si tu m'aides à retrouver mon étui. »

Elle avait l'air si désemparée et si entêtée

que Vincent se sentit fléchir et lança pour la gloire :

« Je retourne en classe.

— Et que vas-tu dire à ton prof ? Que tu m'as laissée toute seule dans le couloir avec Marcel qui s'est enfui en emportant mon étui ?

— C'est-à-dire que... euh... Bon ! Je t'aide à retrouver ton étui, mais après tu me dis tout, et surtout ce qu'il contient », dit-il sans s'apercevoir qu'il la tutoyait, tellement il était troublé.

Ils descendirent dans la cour, mais Marcel n'y était pas. Ils allèrent explorer les toilettes. Vincent celles des garçons, l'inconnue celles des filles. Mais Vincent ne vit personne, hormis un élève qui semblait dormir debout. Il cria dans son dos :

« Tu rêves, mec ? »

L'autre ne broncha pas.

« Personne ! maugréa Vincent, en rejoignant l'inconnue dans la cour. Au fait, tu t'appelles comment ?

— Sandrine.

— C'est un prénom togolais ?

— Non, français. D'ailleurs, je ne suis pas Togolaise.

— Je m'en doutais un peu, figure-toi. Et pourquoi tes parents t'ont appelée comme ça ?

— Tu le sauras plus tard ! » répondit Sandrine en souriant étrangement.

Vincent ne voulait pas avoir l'air bêtement curieux, il passa à autre chose.

« Écoute-moi, je m'arrête si tu ne m'expliques pas à quoi rime tout ce cinéma. »

Tout en parlant ils étaient remontés dans un des couloirs du premier étage.

« Maintenant, je peux te le dire, nous avons le temps, dit Sandrine avec cet éternel sourire qui commençait à exaspérer Vincent. Je viens du futur... »

Vincent haussa les épaules et faillit se mettre en colère pour de bon. Mais Sandrine poursuivit avec un geste apaisant de la main.

« Oui, je viens du futur. J'ai une mission à accomplir : je dois te prélever quelques gouttes de sang pour guérir un homme malade...

— Ça va pas la tête, non ? Écoute, si tu as envie d'écrire des romans pour Hachette, c'est ton affaire, pas la mienne. Je suis pas taré, moi ! » Et il ajouta intérieurement : « Elle est dingue, cette nana ! »

« Laisse-moi t'expliquer. Je t'assure que cette histoire est vraie !

— Et tu voyages peut-être dans le temps avec une soucoupe volante vert et jaune qui fait pouit... pouit... pouit ?

— Oh ! non, je ne sais d'ailleurs pas comment je voyage dans le temps. Mais celui qui m'a envoyée le sait, lui. Et puis je devrais être déjà rentrée. Ma mission était censée être très courte et normalement je n'aurais pas eu à te parler. J'aurais dû te prélever ces quelques gouttes de sang dans le passage souterrain. Un point c'est tout.

— Et pourquoi moi? demanda Vincent intéressé malgré lui.

— Parce que... Tu ne pourrais pas comprendre... Et je t'assure qu'il ne s'agit que de quelques gouttes!

— Merci!

— Mais je ne peux pas te les prélever sans mon appareil et ton crétin de copain me l'a pris. En plus, cet appareil permet de conserver le sang. Tu comprends, pour pouvoir l'utiliser il faut qu'il reste vivant.

— Tu ne peux vraiment pas me dire pourquoi cette histoire me tombe dessus alors qu'il y a des millions de garçons de mon âge?

— Non... Tout ce que je peux te dire c'est que tu comprendras plus tard pourquoi tu étais le seul à qui je pouvais prélever ce sang. Alors, tu acceptes?

— Non! répondit Vincent d'un ton catégorique.

— Eh bien, nous resterons dans la boucle temporelle jusqu'à ce que je t'aie convaincu.

— Dans quoi?

— On appelle ça une boucle temporelle. Si tu préfères, nous sommes tous les deux dans un temps dilaté. Il faudrait qu'il s'écoule pour nous soixante jours pour que les autres vivent une seconde. Tu as l'impression qu'ils sont figés mais ils continuent à vivre à leur rythme. C'est comme si nous, nous vivions des millions de fois plus vite qu'eux. »

Vincent avait du mal à suivre. Il détestait la science-fiction.

« Mais je ne bouge pas plus vite ! maugréa-t-il en remuant très lentement les deux bras.

— Non, bien sûr ! Nous vivons à notre rythme, c'est notre temps qui est dilaté. Nous vivons dans une bulle de temps. Je peux m'y introduire et y faire venir qui je veux.

— Alors tu peux y faire entrer et en faire sortir qui tu veux quand tu veux ?

— Entrer, oui... mais sortir... quand la boucle s'arrête c'est pour tout le monde. »

Vincent pensa qu'il avait une vraie folle en face de lui. Il se pencha néanmoins par la fenêtre du couloir qui donnait sur la rue. Il vit que toutes les voitures étaient arrêtées. Un piéton était immobile sur le passage clouté. « Ça ne prouve rien », pensa-t-il. Il traversa le couloir et se hissa sur la pointe des pieds pour regarder dans une classe. Les élèves semblaient pétrifiés. L'un d'eux, au tableau, restait la craie en l'air et le professeur le regardait avec une fascination muette.

Vincent sentit une sueur froide perler le long de son épine dorsale.

Il retourna à la fenêtre de la rue et regarda le ciel. Un pigeon, en plein vol, les ailes largement déployées, était complètement immobile.

Vincent ferma les yeux et sentit le sol se dérober sous lui.

3

Vincent eut bien du mal à maîtriser le tremblement qui agitait encore ses genoux et à articuler d'une voix incertaine :

« Dis donc, t'es sûre que ça marche, ton truc ?

— Quel truc ?

— Ben... la dilatation du temps... Au fait, avec quelle machine tu fais ça ?

— Aucune machine.

— Bon, ça va, je n'y comprends rien mais tant pis ! soupira Vincent qui se remettait difficilement de sa frayeur. Enfin, du moment que tu es sûre de pouvoir nous faire sortir de ta bulle... parce que je ne tiens pas à y rester et à vivre avec des statues, moi !

— Bof, la seule chose qu'on risque c'est

de revenir dans le temps réel. Mais je ne peux pas t'en dire plus. On ne circule dans le temps qu'à condition de ne rien révéler de l'époque d'où l'on vient. Sinon, on est interdit à jamais de voyage intertemporel.

— Mais c'est pas drôle, ton truc ! Tu mets l'eau à la bouche et puis tu ne dis rien. C'est vraiment neu-neu, ton histoire. Je ne voudrais pas être à la place de ceux qui l'ont inventée.

— Parce que tu ne me crois pas ?

— Si, si », admit Vincent. Il jeta un coup d'œil à l'oiseau qui n'avait pas bougé d'un centimètre et réprima un frisson.

« Bon, alors aide-moi à retrouver ce crétin de Marcel », lança Sandrine d'un ton impatient.

Vincent jeta un coup d'œil dans la classe de l'autre côté du couloir et vit que la scène n'avait pas changé.

« Puisque je suis dans le bain, pensa Vincent, autant en profiter et voir un peu ce qui se passe ailleurs. »

« Écoute, je veux bien t'aider à retrouver ce cher Marcel, proposa-t-il subitement, mais tu fais entrer mes copains dans la boucle temporelle. Pas de copains... pas de Marcel !

— Qu'est-ce que c'est que ce chantage ? gronda Sandrine dont le visage s'empourpra.

— Non mais dis donc, ma vieille, tu me colles dans une boucle temporelle sans me demander mon avis, tu veux me piquer du sang, tu viens me déranger en plein cours de maths en me faisant passer pour un imbécile, tu m'obliges à partir à la chasse de ce crétin de Marcel... et il faudrait que je me laisse faire sans dire ouf ! ni poser la moindre condition ! Je ne sais pas comment sont tes copains dans le futur, mais ils doivent être de drôlement bonne composition.

— Mais c'est pour ton bien ! s'écria Sandrine qui se mordit aussitôt les lèvres d'un air bizarrement inquiet.

— La voilà qui parle comme mes parents maintenant... Non mais pour qui tu te prends ? Pour ma mère peut-être ? T'es un peu jeune, tu sais ! »

Sandrine avait l'air très perplexe, et même franchement désemparée. Elle finit par se décider brusquement et lança avec mauvaise humeur :

« Eh bien, puisque Monsieur joue les têtes de lard et profite de la situation, allons chercher ses copains... »

En arrivant dans sa classe Vincent faillit étouffer de rire. Toute la classe était figée en train de rigoler. Mlle Dutillard, un sourire sardonique flottant sur les lèvres, tenant Marc Lanveau par le pull-over qu'elle lui avait remonté jusqu'aux oreilles, était restée statufiée dans cette position menaçante. Paul avait profité du départ de Vincent pour s'asseoir à côté de Cécilia.

« Le faux jeton, il en profite », pensa

Vincent qui en fait ne lui en voulait pas du tout.

« Lesquels veux-tu mettre dans la boucle ? » demanda Sandrine en entrant dans la classe.

Vincent désigna ses deux amis. Sandrine alla près d'eux et se concentra un instant. Cécilia et Paul parurent tout à coup s'animer. Pendant quelques secondes ils ne remarquèrent rien et continuèrent à rire.

Puis Paul aperçut Vincent et Sandrine.

« Tiens, le revoilà avec sa Togolaise !

— Tu te souviens de ton nez ? grommela Vincent. Une : elle n'est pas Togolaise. Deux : elle vient du futur. Trois : elle s'appelle Sandrine. Et quatre : elle nous a fichus dans une boucle temporelle.

— Un : je m'appelle Arsène Lupin. Deux : je suis Bantou. Trois : je viens de l'âge de pierre. Et... »

Mais Paul resta sans voix. Cécilia le tirait par la manche et lui montrait la classe. Ils regardèrent autour d'eux, sans rien dire, l'air affolé.

Vincent laissa à Sandrine le soin d'expliquer la situation. Paul et Cécilia se détendaient peu à peu.

« Alors ils vont rester comme ça pendant tout le temps où nous serons dans ta boucle ? demanda Cécilia en pouffant de rire.

— Plus exactement, corrigea Sandrine, c'est nous qui allons les voir comme ça pendant tout le temps où nous serons dans

Melle Dutillard tenant
Marc Lanveau ....

la boucle. Bon, maintenant assez bavardé, venez m'aider à chercher Marcel. J'ai pas de temps à perdre. »

Sandrine sortit la première de la classe et prit la tête des opérations de recherche. Elle semblait très agacée par l'attitude des trois amis qui n'arrêtaient pas de lui poser des questions auxquelles, pour la plupart, elle refusait de répondre.

Ils explorèrent méthodiquement les couloirs. Mais Sandrine était la seule à chercher vraiment. Les trois autres passaient leur temps à regarder dans les classes. Ils virent notamment un affreux jojo en train de lancer au plafond une boulette de papier mâché. La boulette venait à peine de quitter sa main et semblait suspendue en l'air. Dans une autre classe, un professeur qui se balançait sur sa chaise perdait l'équilibre. Il planait, les jambes en l'air, avec une drôle de tête étonnée, tandis que la classe s'apprêtait visiblement à se tordre de rire.

Ils finirent par trouver Marcel immobile, un doigt dans le nez, au milieu d'un couloir.

« Ce crétin n'a plus mon appareil dans les mains et qui va me dire ce qu'il a bien pu en faire, hein ? demanda Sandrine avec irritation.

— Faut lui demander, répondit Vincent qui s'aperçut trop tard de la niaiserie de sa proposition.

— Merci. Et quelles vont être ses réactions

si je le mets dans la boucle? demanda Sandrine d'un ton sec.

— Il ne sera pas plus embêtant que d'habitude, ironisa Paul. Au fait, quand on revient dans le temps réel, est-ce qu'on se souvient de ce qui s'est passé?

— Moi, oui. Mais vous, non.

— Dommage, murmura Paul d'un air rêveur.

— Bon, les interrompit Sandrine, attention, je mets votre petit copain dans la boucle. »

Marcel parut s'animer. Il retira le doigt de son nez et dit d'une voix à peine surprise :

« Tiens, la Togolaise a trouvé d'autres correspondants ! Dutillard vous a flanqués à la porte? Faut dire qu'avec la tête que vous avez je comprends qu'on ne puisse pas vous supporter plus d'un quart d'heure.

— Si tu veux garder la tienne intacte, tu as intérêt à nous dire où tu as mis le truc à Sandrine, gronda Vincent furieux.

— Ah ! parce qu'elle s'appelle Sandrine ! C'est un prénom africain, ça?

— Ça suffit, explosa Sandrine. Je veux mon étui et tout de suite !

— Tiens, voilà la Togolaise qui se fâche. D'abord, je l'ai plus, ton bidule. Y a le surgé qui m'a aperçu avec et qui voulait que je le lui donne. J'ai fichu le camp, mais comme il s'est mis à vociférer comme une bête et à ameuter tous ses sbires, je l'ai planqué dans le placard à balais et je me suis tiré, parce que les pions, ils ont beau pas être rapides, vaut mieux s'en méfier.

— Et dans quel placard exactement tu l'as mis ?

— Dans le placard à balais, je te dis. Au fait, c'était quoi, ton engin ? J'ai même pas eu le temps de regarder avant que Nabuchodonosor ne se mette à crier à tue-tête.

— Qui est Nabuchodonosor ? demanda Sandrine qui ne put s'empêcher de rire.

— Nabuchodonosor ou Nabu le bidon pour les intimes, c'est Léon Maloin, le surgé, un vrai tordu qui est persuadé que les élèves ont décidé de faire sauter le C.E.S....

— Bon, on va récupérer ce truc et après on verra ce qu'on fait, proposa Paul.

— Moi, je vais voir le principal ! déclara Marcel pour ne pas faire comme les autres. Après tout j'étais parti pour ça et Dutillard est vachement dangereuse quand on la contrarie.

— Fais-le sortir de la boucle, souffla Vincent à Sandrine.

— Impossible, je te l'ai dit, je ne peux pas le faire sortir lui tout seul.

— Il va ameuter tout le quartier...

— Ah ! oui, et comment ? » demanda Sandrine en souriant.

Vincent comprit un peu tard qu'il venait de dire une bêtise. Marcel, d'ailleurs, avait déjà disparu, sans avoir précisé où se trouvait le placard à balais. Les autres le suivirent de loin. En arrivant dans le hall du C.E.S., où deux surveillants immobiles semblaient monter la garde, ils le virent jaillir comme une fusée hurlante hors du bureau du principal.

« Le principal a été assassiné par le censeur ! leur cria-t-il en roulant des yeux effarés. Et le censeur est resté figé d'horreur sur les lieux de son crime. »

Les trois amis, escortés de Sandrine, se précipitèrent sur les lieux du forfait et, bien sûr, trouvèrent le principal, M. Langlois, et le censeur, M. Lamare, parfaitement immobiles. Le premier à son bureau et le second debout derrière. Le principal, un gros monsieur chauve et barbu, lisait une bande dessinée réservée aux adultes et le second, petit, maigre et le teint bilieux, regardait très attentivement par-dessus son épaule.

« Mais il se porte bien, le principal ! s'étonna Paul.

— Pourquoi, tu croyais que... demanda Cécilia.

— Non, je l'espérais, avoua cyniquement Paul. Nous n'aurions pas eu composition d'histoire. »

C'est alors que Marcel fit une entrée remarquée. Il était cette fois vert de peur et balbutia :

« Ils... ils... ont... tu... tu... tué... le concierge... au... aussi ! »

le Principal lisait une B.D.

l'étui avait disparu !

Il fallut le faire asseoir et lui tapoter les joues. Puis Vincent et Paul se chargèrent de lui expliquer la situation. Évidemment, Marcel eut, comme les autres, beaucoup de mal à comprendre.

Puis, tout à coup, après avoir demandé plusieurs fois si les gens hors de la boucle ne pouvaient rien contre lui, il éclata de rire en pensant à tous les tours qu'il allait pouvoir jouer.

« Et si on enlevait les chaussettes du principal et du censeur ? D'ailleurs, on pourrait aussi leur retirer leur pantalon, proposa-t-il.

— Si tu fais ça j'arrête la boucle », dit Sandrine d'un ton si décidé que Marcel n'osa pas insister. Sandrine exigea qu'on lui indique tout de suite le placard à balais. Marcel l'y conduisit à regret. Il l'ouvrit, s'accroupit, fouilla entre les balais, refouilla, et jura affreusement : l'étui avait disparu.

4

Inutile de chercher davantage : l'étui n'était plus là. Sandrine trépigna presque de fureur.

« Alors, espèce d'abruti, ça t'amuse de me faire perdre du temps ? lança-t-elle à Marcel.

— Tu sembles oublier, ma chère, que du temps, dans ton Musée Grévin, nous en avons à revendre, rétorqua celui-ci avec un geste désinvolte. Et puis tu sais, personne ne te retient. Prends ton O.V.N.I. et fiche le camp, si tu ne te sens pas bien ici. »

Vincent, que Marcel excédait encore plus que d'habitude, intervint en essayant de garder son calme :

« Tu es bien sûr d'avoir mis l'étui ici ?

— Bien sûr. Tu crois que je suis gâteux ou quoi ? Si on ne le trouve pas, c'est que quelqu'un l'a pris ! Logique, non ? »

Sandrine s'avança d'un air menaçant. Paul s'interposa en riant. Marcel reprit comme si de rien n'était :

« Attends,... mais il est bien possible que Nabu l'ait trouvé !

— Oh ! là ! là, il ne manquait plus que lui, ne put s'empêcher de soupirer Cécilia.

— Pas de panique, on va aller voir dans son bureau », proposa Paul.

Ils convergèrent tous vers le bureau de M. Maloin. Ils parcoururent à nouveau les longs couloirs dont la peinture avait dû être verte à l'origine. Mais on ne distinguait plus maintenant qu'une grisaille poussiéreuse. Le silence, tellement inhabituel, était impressionnant. Paul ne put s'empêcher de s'arrêter quelques instants devant une fenêtre donnant sur la rue. En dehors des oiseaux figés en plein vol, le plus étonnant était de voir tous ces gens en équilibre instable, penchés en avant, un pied sur le sol, l'autre encore en l'air.

Vincent fit signe à Cécilia de ralentir. Ils laissèrent Sandrine et Marcel prendre un peu d'avance et attendirent Paul qui regardait dans toutes les classes une à une. Vincent leur expliqua l'idée qui venait de lui traverser la tête : il tenait à conserver un souvenir de cette aventure ! Puisque, paraît-il, on oubliait tout une fois sorti de la boucle, il suffirait d'enregistrer un message sur la mini-cassette de la classe. Paul et Cécilia trouvèrent l'idée excellente et promirent de l'aider à déjouer la surveillance de Sandrine.

Sandrine et Marcel s'étaient aperçus que les trois autres ne les suivaient plus. Elle rebroussa chemin et apparut à l'angle du couloir.

« Alors, qu'est-ce que vous fabriquez ?

— On arrive... on arrive ! »

Ils s'arrêtèrent bientôt devant la porte de M. Maloin. Un élève était figé à cet endroit et ils durent le contourner.

« C'est bien la première fois que j'entre dans la tanière de Nabu sans avoir la trouille », remarqua Vincent.

M. Maloin semblait rêver derrière son bureau. Il avait un costume croisé vert foncé, une tête assez ronde, les joues bien pleines, les cheveux rares et grisonnants coupés très court sauf une longue mèche sur le dessus du crâne, une fine moustache au ras de la lèvre supérieure.

L'étui n'était pas sur le bureau. Vincent ouvrit les tiroirs en jubilant et ne trouva rien dans le bric-à-brac des objets les plus divers confisqués aux élèves. Rien non plus dans le placard, ni dans les grands fichiers métalliques. Sandrine manifestait des signes d'énervement de plus en plus visibles.

« Il n'y a qu'une solution, il faut le faire

entrer dans la boucle, conclut-elle à contrecœur.

— Nabu ? Jamais ! s'écria Vincent. C'est un danger public.

— Pourquoi pas ? Ça peut être supermarrant, ricana Marcel. Tu te rends compte qu'on pourra lui raconter n'importe quoi, puisque ensuite il ne se souviendra de rien.

— Il n'y a pas d'autre solution », coupa Sandrine.

Bientôt, M. Maloin s'anima. Il leva les yeux, parut un instant surpris, fronça le sourcil gauche et lança d'une voix de stentor :

« Vous tombez bien, Marcel Lambert. J'allais justement vous envoyer chercher. Vous auriez certes pu frapper avant d'entrer, mais évidemment on ne peut pas s'attendre au plus élémentaire savoir-vivre de la part d'un individu tel que vous. Je suppose que vous savez pourquoi vous êtes ici, hein ? D'ailleurs, vous avez amené vos complices. Il n'y avait effectivement pas autre chose à faire.

— Nous ? ses complices... mais il est complètement siphonné, murmura Cécilia à Vincent.

— Silence, mademoiselle Lampérini. Pour vous le temps des complots est terminé. L'engin de mort est dans mon coffre, dit-il en désignant un coffre-fort dans un coin du bureau, et vous serez bientôt hors d'état de nuire.

— Bon, ça suffit, arrêtez vos salades ! s'exclama Sandrine au comble de l'énervement. Dites-nous plutôt si vous avez trouvé un étui dans le placard à balais du couloir ?

— Ainsi, vous ne cherchez même pas à nier, dit M. Maloin qui sembla un instant décontenancé. Je viens de vous dire, mademoiselle... euh, mademoiselle qui d'ailleurs ? Oh ! je sais que vous ne voulez pas répondre... Peu importe... nous verrons cela plus tard. Oui, parfaitement, l'engin de mort est dans mon coffre.

— Mais qu'est-ce que vous appelez l'engin de mort ? demanda Paul, si étonné qu'il n'avait même pas envie de rire.

— Vous me prenez pour un imbécile ou quoi ? J'ai fait la guerre moi ! et je sais ce que parler veut dire ! hurla M. Maloin.

— Ouvrez le coffre et donnez-moi l'étui, cria Sandrine encore plus fort que lui. Je n'ai pas de temps à perdre avec vos dingueries. »

M. Maloin était livide. Il tendit un doigt accusateur et tremblant.

« Vous ne semblez pas bien comprendre que vos manigances sont terminées. Je vais convoquer vos parents et prévenir la police. Désormais cette affaire est du ressort de la justice. Lambert, ajouta-t-il en regardant Marcel, vous avez toujours été un élément dangereux dans cet établissement. Et je sais depuis longtemps qu'un comportement

Lambert, vous êtes un élément dangereux !

comme le vôtre conduit au terrorisme. »

Sandrine paraissait ennuyée et ne savait plus trop que faire. Les autres se regardaient, partagés entre le rire et l'inquiétude.

M. Maloin décrocha son téléphone, mais il n'y avait pas de tonalité. Il raccrocha, décrocha à nouveau. Toujours rien.

« Ça ne marche jamais quand c'est urgent. Encore une grève, je parie ! Ou en tout cas, la pagaille », grogna-t-il en raccrochant rageusement.

Le surveillant général fit le tour de son bureau et se dirigea d'un pas énergique vers la porte. Il se retourna en l'ouvrant et cria :

« Que personne ne bouge ! »

Puis il sortit et heurta de plein fouet l'élève immobilisé.

« Ce n'est pas à vous que je m'adresse, imbécile ! Allez, circulez ! »

Évidemment l'élève ne bougea pas. M. Maloin le secoua, puis se ravisa :

« Après tout c'est parfait. Que personne ne bouge dans l'établissement le temps que j'aille chercher la police. »

Il avança au pas de charge dans le couloir. En passant devant chaque classe il ouvrait la porte et criait :

« Que personne ne bouge ! »

Vincent, Cécilia, Paul, Sandrine et Marcel le suivirent instinctivement. Le surveillant général se retourna :

« Vous, je vous ai ordonné de rester dans mon bureau, vu ?

— Mais vous ne comprenez pas..., commença Vincent.

— Si, parfaitement, j'ai compris, j'ai même tout découvert !

— Enfin, vous ne voyez pas que rien n'est normal, que tout est figé autour de vous ? Vous ne pouvez pas vous arrêter un instant et écouter ce que...

— Trêve de boniment ! Ce qui vous surprend sans doute c'est que tout soit parfaitement normal. Vous n'arrivez pas à comprendre que les élèves obéissent à mes ordres. Vous espériez peut-être un soulèvement général ? Suivez-moi ! Après tout, c'est aussi bien. Le commissaire va s'occuper de vous, mes gaillards ! »

Vincent, Cécilia et Paul essayèrent, à tour de rôle, d'expliquer la situation à M. Maloin. En vain. Ils traversèrent la cour à sa suite et sortirent du C.E.S. Sur le trottoir se trouvait un employé municipal africain, immobilisé avec son balai.

« Regardez-moi ça, la paresse de ces gens-là est vraiment sans limite ! bougonna-t-il comme pour lui-même. Qu'ils retournent dans leur pays et restent allongés sous un cocotier s'ils ne veulent rien faire !

— Raciste ! » cria Cécilia. Mais M. Maloin parut ne pas l'entendre. Il fut vite obligé de remarquer que le balayeur n'était pas le seul à être immobilisé.

« Encore une nouvelle forme de manifestation ! Ils ne savent plus quoi inventer. »

Sandrine arrêta le petit groupe d'un geste de la main et chuchota :

« Bon ! Ça suffit. Ce dingue nous a fait perdre assez de temps. Allez, on le tient un instant, on fouille dans ses poches, et on récupère la clef du coffre.

— Chic alors ! On lui saute dessus », approuva Marcel visiblement ravi.

Mais Vincent, Cécilia et Paul, même en sachant que M. Maloin ne se souviendrait de rien, refusèrent catégoriquement cette proposition.

« Dans ce cas, il ne reste plus qu'à rentrer au C.E.S. et trouver un moyen d'ouvrir le coffre, conclut Sandrine. Vous n'avez pas l'air de bien comprendre que je ne suis pas là pour m'amuser, moi ! »

Les voyant rebrousser chemin, le surveillant général s'écria en agitant les bras :

« Au secours ! ces voyous sont des terroristes !... Arrêtez-les !... Évidemment tout le monde s'en fiche », gémit-il d'un air désespéré.

En reprenant sa marche vers le commissariat de police il tapotait la poche gauche de son veston où il gardait son sifflet à roulette. Il lui arrivait, de temps en temps, de le sortir et de le regarder avec nostalgie.

Autrefois, il l'utilisait à la fin des récréations pour faire rentrer les élèves qui s'étaient alignés dans la cour. Il les voyait alors défiler au rythme de ses sifflements cadencés et mesurait ainsi l'étendue de son autorité. Puis, en commençant par les grandes classes, cet usage avait été aboli, non sans une résistance acharnée du surveillant général qui ne pouvait supporter ce qu'il appelait « ces troupeaux de ouistitis braillards ».

M. Maloin tourna au coin de la rue et disparut.

« Ouf, bon débarras, dit Cécilia.

— En fait, il a trouvé la bonne solution, il est parti en vadrouille. J'en ferais bien autant, ajouta Paul.

— C'est vrai, reconnut Vincent, que je n'ai plus aucune envie d'aller au C.E.S. C'est pas tous les jours qu'on a la chance de se promener dans une ville immobile. Même le beau temps est fixe.

— Oui, mais moi j'en ai marre ! grogna Sandrine, ce n'est pas le moment de rêver.

— Et pourquoi pas ? objecta Cécilia. Après tout, pour toi ça ne change rien que la boucle dure un peu plus longtemps, puisque les gens qui t'ont envoyée en mission vivent dans le temps réel. Ça ne te dit rien de voir d'un peu plus près comment c'était avant que tu sois née ? T'es pas curieuse.

— Si, bien sûr ! Ça pourrait être bien de se balader un peu. Mais on ne m'a pas envoyée pour ça. D'abord je récupère mon instrument, et on verra après... D'accord ?

— D'accord ! mais à condition qu'on puisse profiter un peu de la situation », conclut Marcel en se frottant les mains.

5

Vincent, Sandrine, Cécilia, Marcel et Paul s'engouffrèrent en riant dans le bureau du surveillant général. Marcel, en bousculant tout le monde, avait réussi à entrer le premier. Il fonça vers le fauteuil de M. Maloin qu'il commença à imiter :

« Ah ! voilà les terroristes ! Oh ! je sais que vous êtes tous à la solde de puissances étrangères... »

Puis il continua à pérorer, tout en s'amusant à coller entre elles les feuilles de l'agenda du surveillant général. Vincent, monté sur une chaise, imitait le principal tandis que Cécilia essayait, mais sans succès, de rire aussi fort que Mlle Dutillard.

« En attendant, vous feriez mieux d'ouvrir

« Ah !, voilà les terro-ristes ! »

ce coffre, bande de pitres ! » les interrompit Sandrine en pouffant.

Paul, qui s'était accroupi devant le coffre, se releva.

« Cette antiquité n'a pas seulement une serrure, mais aussi une combinaison, z'étaient pas bêtes, les Gaulois...

— Y a qu'à l'ouvrir au plastic... Baoum... plus de coffre, plus de C.E.S., la belle vie, quoi ! proposa Marcel hilare.

— Et baoum... plus de Marcel, ironisa Vincent très grinçant.

— Moi, avec les instruments de mon oncle, je l'ouvrirais comme une boîte de sardines, ce petit coffre de rien du tout... soupira Cécilia.

— Il est serrurier, ton oncle ? demanda Sandrine d'un air intéressé.

— Je vais chercher le chalumeau de mon père », proposa Marcel en flanquant un coup de pied dans la porte du coffre qui sonna creux.

Cécilia en avait par-dessus les oreilles des vantardises de Marcel. Elle le prit par le bras et le fit taire. Sandrine commençait à perdre patience et s'écria en tapant rageusement du pied :

« Dites donc, tous les quatre, faudrait vous remuer un peu, j'ai pas envie de rester cent sept ans à votre époque...

— Retourne sur Mars si t'es pas heureuse... », grogna Marcel qui détestait qu'une fille le fasse taire. Mais Sandrine l'ignora et poursuivit :

« Alors, Cécilia, les outils de ton oncle, c'est quoi ?

— Ben... euh... c'est-à-dire, commença Cécilia en rougissant un peu, vous savez, mon oncle c'est celui qu'on a appelé Dino le Sicilien, le roi du coffre-fort...

— T'as du bol d'avoir un tonton Arsène Lupin, moi mes parents sont enfants uniques, soupira Paul.

— Qui c'est ça, Dino le Sicilien ? Un membre de la bande des quatre avec Dédé d'Anvers, Jojo le Stéphanois et Mao la Chinoise ? ironisa Marcel.

— C'est un type que son amour des coffres-forts a conduit à en ouvrir un certain nombre sans qu'on le lui ait demandé et qui, à cause de ça, comme il dit, a dormi 1 826 nuits en prison. Depuis, il a changé de métier. Il se passionne pour les ordinateurs. Il travaille pour une grosse compagnie, on peut aller lui demander de nous aider...

— Mais que vont dire les gens si on fait intervenir un bandit dans notre histoire ? demanda Paul qui prévoyait le pire.

— Que si on apprenait à l'école à ouvrir les coffres-forts on n'aurait pas besoin de bandits les jours où on a perdu sa clef, rétorqua Vincent agacé. Et puis c'est plus un bandit puisque maintenant il a un vrai métier...

— D'accord pour Arsène Lupin, jubila Sandrine. En plus je suis ravie, je n'ai jamais vu de près un gangster en retraite. Si mon père savait ça... », dit-elle en éclatant si fort de rire que Vincent se demanda ce qui lui prenait.

Cécilia entraîna Sandrine avec elle à la recherche de Dino le Sicilien pour laisser à Vincent le temps d'enregistrer ce qui s'était passé. Mais comme Vincent n'avait aucune envie de mettre Marcel dans le coup, il soupira de soulagement quand celui-ci décida d'aller mettre un peu de pagaille dans les classes.

« Suis-le, souffla Vincent à Paul, il est capable de mettre le feu au C.E.S., c'est pour le coup que l'histoire deviendrait sinistre et qu'on aurait de gros ennuis. Moi je vais enregistrer une cassette dans notre classe et je vous rejoins. »

Paul récupéra Marcel dans le gymnase. Il avait détaché une corde et était en train de ligoter un professeur de gymnastique que la boucle temporelle avait immobilisé en pleine démonstration de saut au cheval d'arçons. Vincent, de son côté, rejoignit sa classe où Mlle Dutillard n'avait pas bougé d'un pouce, la main sauvagement levée sur Marc Lanveau. Vincent pensa un moment lui peinturlurer le visage avec l'un des innombrables feutres mauves qu'elle transportait toujours dans son cartable, mais il se contenta de lui dessiner une énorme araignée sur le front, une mygale venimeuse. Puis il ouvrit l'armoire, prit le magnétophone à cassettes et enregistra un résumé assez détaillé de ce qui venait de se passer.

Marcel, toujours filé par Paul, entrait dans les classes et en ressortait après avoir écrit sur les tableaux noirs d'abominables insanités que Paul, vaguement gêné, effaçait derrière lui.

« Et si on trouvait quelque chose de plus drôle que tes graffiti ? suggéra Paul qui en avait assez de manier l'éponge.

— Ouais, on n'a qu'à déposer sur les bureaux des profs une circulaire signée de Nabu le bidon et leur demandant d'envoyer immédiatement tous les élèves dans la cour. Tout le monde sait qu'il est fou comme un morse et ça paraîtra plausible.

— Superextrachouette ! » reconnut Paul avec soulagement.

Ils se rendirent dans le bureau de la secrétaire de M. Maloin, Mlle Lydie, qui avait l'air abominablement méchante mais qui était très gentille et réputée dans tout le C.E.S. pour ses jeux de mots. Ils la rctirèrent de devant sa machine et la mirent sur une autre chaise, ce qui lui donnait un air assez cocasse. Vincent les rejoignit à ce moment-là et ne put s'empêcher de planter dans le chignon de Mlle Lydie une éolienne que, pour des raisons mystérieuses, la jeune

il était en train de ligoter un professeur de gymnastique...

femme gardait avec un soin jaloux sur son bureau.

Paul mit Vincent au courant de la circulaire et ils rédigèrent le texte suivant :

Madame, Monsieur,

Ceci est une note confidentielle. Le principal de cet établissement est soupçonné d'appartenir à un réseau clandestin de trafic de caramels mous. Je ne peux pas vous en dire plus par lettre et vous prie d'interrompre sur-le-champ votre cours, d'envoyer vos élèves en récréation et de venir me rejoindre secrètement dans mon bureau.

Bien administrativement vôtre,

Léon MALOIN.

Ils photocopièrent le texte après l'avoir tapé et coururent le mettre bien en vue sur les bureaux des différents professeurs qui officiaient ce jour-là. Ils en profitèrent pour faire encore quelques farces : attacher la jambe droite du professeur de sciences naturelles au pied gauche de son bureau en utilisant la cravate de ce monsieur très digne, et mettre un vieux hibou empaillé dans les bras d'une enseignante d'allemand bien connue pour son horreur des animaux.

★

Cécilia et Sandrine avaient commencé

par marcher sur les trottoirs et par regarder à droite et à gauche avant de traverser les rues. Puis elles s'amusèrent beaucoup à slalomer entre les voitures. L'air bovin des conducteurs figés à leur volant les faisait bien rire. Les piétons sur les trottoirs n'étaient guère moins drôles.

« Je n'aurais jamais cru que les gens faisaient autant de grimaces et de gestes aussi ridicules, confia Cécilia à Sandrine.

— Oh ! c'est comme les photos prises sans que les gens le sachent », et voyant deux énormes mères qui poussaient leurs landaus d'un air béat, Sandrine ne put s'empêcher de faire un échange de bébés.

Cécilia aurait volontiers prolongé cette promenade mais elle avait hâte de trouver Dino le Sicilien.

Arrivée devant un immense bâtiment de verre fumé, elle entra en faisant signe à Sandrine de la suivre. Puis elle fonça vers le bureau de son oncle non sans avoir défait au passage le chignon artistement ouvragé de l'hôtesse d'accueil.

Dino le Sicilien était dans une grande pièce, assis derrière un bureau et farfouillait dans des dossiers d'une main négligente. Il semblait, en fait, en train d'expliquer quelque chose d'important à deux messieurs assis en face de lui.

« Le voilà », dit Cécilia à Sandrine en le désignant du doigt.

C'était un homme d'une quarantaine d'années, les cheveux bruns, les tempes légèrement grisonnantes. Il était vêtu d'une ample chemise en grosse toile bleue et d'un pantalon crème impeccablement coupé. Il semblait, avec la plus parfaite innocence, se payer la tête de ses deux interlocuteurs.

Une fois encore Sandrine se concentra et Dino le Sicilien leva bientôt les yeux en souriant sans avoir l'air surpris le moins du monde.

« Tiens, Cécilia, excellente idée de venir me rendre visite, dit-il. Tu sais, je suis en conférence avec ces... euh... mais... »

Il se leva, fit le tour de son bureau, toucha l'épaule du plus gros de ses interlocuteurs. Celui-ci bascula de sa chaise et tomba sur la moquette avec un bruit sourd. Il y resta raide comme un bout de bois.

Cécilia mit un certain temps à expliquer la situation à son oncle, peu à peu gagné par un énorme fou rire. Mais quand elle aborda le but réel de sa visite, Dino se mit à rire malicieusement :

« Impossible, ma chère nièce ! Très drôle ! Excellente idée d'être venu chercher quelqu'un de compétent, mais j'ai juré de ne jamais plus toucher à un coffre-fort. Si j'en écoute un seul, ce merveilleux petit cliquetis est susceptible de me faire reprendre goût à ces engins de malheur.

— Ça ne t'arrivera pas, rétorqua Cécilia,

puisque ni toi ni personne ne se souviendra de ce qui s'est passé dans la boucle. »

Cécilia expliqua que d'autre part son projet était sans risque puisqu'il serait impossible de prouver que le célèbre Dino le Sicilien ait jamais quitté son bureau. Les deux propriétaires d'ordinateurs qu'il était en train de recevoir pourraient témoigner. Et qui oserait mettre en doute le témoignage de deux propriétaires d'ordinateurs ? Dino hésita longuement, il souffla, pesta, grogna, maudit le Ciel en sicilien de lui avoir donné une nièce pareille et finit par se laisser convaincre après qu'on lui eut promis qu'aucun vol ne serait commis.

« Bon, dans ces conditions d'accord. Et puis j'ai vraiment très envie de voir un peu la tête qu'ont les gens dans la rue. »

Cécilia et Sandrine le ramenèrent en courant au C.E.S. Dino était furieux d'avoir à se presser et menaçait tout le temps de retourner dans son bureau.

Elles le traînèrent, non sans mal, dans le repaire de M. Maloin où Paul, Vincent et Marcel, qui avaient fini de distribuer la circulaire, les attendaient. Marcel démontait la machine à écrire de Mlle Lydie, une magnifique machine électrique qu'elle avait mis dix ans à obtenir de l'intendant qui refusait de l'acheter en prétextant qu'elle risquait de s'électrocuter.

Les présentations furent vite faites et

Dino jaugea le coffre d'un seul coup d'œil.

« Oh ! là ! là... Pfooouuu... O, Santa Madonna, mais c'était pas la peine de me déranger pour cette tirelire en fer-blanc.

— Parfait, jubila Sandrine, ça ira vite.

— Minute, minute, s'écria Marcel en brandissant le rouleau de la machine de Mlle Lydie. Maintenant qu'on est sûrs de pouvoir ouvrir le coffre, ce n'est plus la peine de te faire des cheveux blancs, hein, Sandrine ? Tu vas le récupérer, ton bidule. Et tu nous as dit toi-même que grâce à cette boucle temporelle il n'y a aucune urgence. »

Tout le monde approuva bruyamment et insista auprès de Sandrine pour qu'elle les laisse s'amuser un peu. Elle pouvait bien faire ça pour les remercier de lui avoir donné un coup de main. L'interpellée commença par grogner qu'il n'en était pas question, puis finit par se laisser fléchir. Mais elle exigea de récupérer immédiatement son instrument, de peur que M. Maloin ne revienne et ne le change de place.

Dino entreprit d'ouvrir le coffre à l'oreille. En effet, lorsqu'un bouton était en face du bon chiffre, il se produisait un déclic perceptible pour une oreille entraînée et très fine.

« Ce coffre, ironisa Dino, est une telle antiquité que je n'aurai même pas besoin d'un stéthoscope. Une vraie crécelle. »

Les autres eurent beau coller leur oreille contre la porte, ils n'entendirent rien. Dino leur conseilla en riant d'aller voir un oto-rhino, ce qui les vexa beaucoup. Puis il ouvrit le coffre en deux minutes et rendit son étui à Sandrine qui s'empressa de le soustraire au regard curieux des autres. Elle détourna l'attention en demandant quel était le programme pour la suite.

« J'ai une idée, lança Paul en se tournant vers Dino le Sicilien. Puisque vous êtes le spécialiste du coffre-fort, on pourrait simuler un énorme hold-up.

— Ah ! non, pas question ! rugit Dino en levant les bras au ciel. Je suis rangé, mes petits. Je veux bien vous ouvrir ce gadget, mais je ne veux pas d'histoires.

— Vous ne comprenez pas, enfin puisqu'on vous dit que personne ne se souviendra de rien, insista Marcel.

— Ce n'est pas une raison pour aller voler de l'argent, rétorqua Vincent qui n'était pas du tout d'accord.

— Décidément, vous êtes bouchés. Je n'ai jamais dit que je voulais garder l'argent. Il ne s'agit pas d'un vrai vol. Mon idée c'est d'ouvrir un certain nombre de coffres et ensuite de mettre l'argent à un endroit où on le trouvera facilement. Vous imaginez la tête des gens ! L'argent disparaît des coffres des banques et on le retrouve dans la rue.

— C'est pas idiot, ton truc, murmura Vincent, mais il faut le mettre à un endroit où on le retrouvera tout de suite. On pourrait

Dino entreprit d'ouvrir
le coffre à l'oreille....

le mettre dans des cartons et les empiler bien en évidence, place de la Concorde par exemple, en prévenant la presse, la police et bien sûr les banques.

— Oh ! oui, ce serait à la fois le plus grand hold-up, enfin le plus grand faux hold-up, et la plus grande énigme du siècle, ajouta Cécilia. Ça peut être vraiment marrant. Tu es d'accord, Dino ? »

Le Sicilien hésitait.

« Je dois dire que vous me tentez beaucoup. Effectivement ce que vous me proposez n'est pas un vrai vol, et pour moi ce serait l'occasion de voir si je n'ai pas perdu la main, celle aussi de m'attaquer à des coffres beaucoup plus modernes et perfectionnés que ceux d'autrefois. »

Les enfants proposèrent de tenir une comptabilité très stricte de tout ce qu'ils déménageraient et de tout déposer aux pieds d'un ou deux agents de police qu'on rencontrerait inévitablement place de la Concorde.

Marcel, avant de sortir, laissa sur le bureau une lettre qu'il avait tapée avec la machine de Mlle Lydie avant de la mettre en pièces. Les autres lurent avant de sortir.

Cher monsieur,

Je comprends fort bien que vous en ayez assez de limiter votre talent de premier policier de France à des enquêtes de troisième zone. En accord avec MM. les Ministres de l'Éducation nationale et de l'Intérieur et conformément aux directives de M. le Président de la République, je vous informe que vos fonctions de surveillant général prennent fin à l'heure où vous recevez cette lettre et que je vous nomme commissaire divisionnaire (avec rang d'adjudant-chef). Votre première mission sera de déjouer le complot planétaire dont vous avez découvert les instigateurs dans votre C.E.S. Vous êtes à partir de cette minute coordinateur de l'opération Gamma.

Veuillez vous rendre immédiatement où vous savez et attendre mes ordres,

bien policièrement vôtre,
le préfet de Police,
Edmond FARCELLIN.

6

Le groupe traversa la cour. Marcel ne tenait plus en place. Il gesticulait, pérorait, expliquait dans le détail ce qui allait se passer. Sandrine, maintenant qu'elle avait retrouvé son étui, était beaucoup plus détendue. Elle écoutait en souriant les prévisions de Marcel.

« Il va falloir faire attention à ce que cet empoisonneur ne joue pas les chefs de bande, murmura Vincent à Paul et à Cécilia.

— Et puis, tout à l'heure, il faudra de nouveau enregistrer ce qui s'est passé », ajouta Cécilia.

Marcel avait fait remarquer qu'ils auraient besoin de cartons pour y mettre les billets de banque et que Dino devrait prendre sa voiture pour les transporter.

« Pas de chance, je n'ai pas de voiture, répondit le Sicilien. D'ailleurs, je ne sais pas conduire. J'ai toujours fait mes coups en métro, c'est la meilleure façon de ne pas se faire repérer.

— Ce n'est pas grave, reprit Marcel en bombant le torse. Moi je sais conduire et on va emprunter une bagnole. Vous allez voir, monsieur le Sicilien, vous regretterez de ne pas avoir fait équipe avec moi. Vous auriez pillé dix fois plus de banques en cinq fois moins de temps.

— Pas question, s'écria Paul, je tiens à la vie, moi !

— Moi aussi, renchérirent Vincent, Cécilia et Dino.

— Laissez-lui au moins une chance, intervint Sandrine. Il n'y a aucun danger puisqu'il n'y a pas de circulation. Et si on a peur on descendra. Après tout, c'est peut-être un as du volant, et moi je ferais bien un tour dans vos engins préhistoriques.

— Bon, bon, concéda Vincent, furieux que Marcel ait pu trouver une nouvelle occasion de se mettre en valeur. Mais allons d'abord chercher les cartons. »

Ils sortirent du C.E.S. et se dirigèrent vers deux épiceries et un supermarché qui se trouvaient à proximité. Ils entrèrent dans les boutiques en se faufilant entre les clients.

Marcel vida tout ce que les gens avaient dans leurs sacs et en fit une pile dans un coin. Il épingla, au revers de la veste d'un monsieur très digne qui s'apprêtait à payer, un papier sur lequel était écrit en gros :

La tête de cette épicière ne me revient décidément pas. D'ailleurs elle ne me vend que de la camelote pourrie.

Puis il en épingla un autre sur la blouse de l'épicière :

Encore ce vieux poivrot ! Il faudrait le faire interner au Zoo de Vincennes.

Ensuite Marcel s'empara d'une bouchée au chocolat qu'il engloutit voracement.

« Ah ! non, s'écria Vincent, on avait dit qu'on ne piquait rien. »

Marcel commença à protester, mais Dino l'interrompit :

« Vincent a raison. Tout ce qu'on prend on le paie. Sinon on ne s'arrête plus.

— Qui vole un œuf, vole un bœuf, railla Marcel.

— Écoute, mon vieux, c'est comme ça,

trancha Dino en déposant le prix de la bouchée près de la caisse. Et il faudra aussi payer le prix de l'essence de la voiture. »

Le groupe retourna au C.E.S. avec les cartons.

« Bon, maintenant il nous faut choisir une voiture, dit Marcel les yeux brillants. On va en prendre une dans la cour. Les profs laissent toujours les clefs dessus pour que le concierge puisse les déplacer quand c'est nécessaire. Allez, on prend la plus grande pour pouvoir mettre les cartons.

— J'y pense tout à coup, dit Dino en s'arrêtant brusquement. Je n'ai pas mon matériel. Pour le coffre de votre surveillant général ça allait, mais pour des coffres plus sophistiqués...

— Vous avez besoin de quoi, exactement ? demanda Vincent inquiet.

— Juste un stéthoscope.

— Je vous en rapporte un dans deux minutes. Tu m'accompagnes, Sandrine ? » lança Marcel.

Sandrine hésita une seconde, puis le suivit.

« Il ne manquait plus que ça, soupira Vincent, non seulement il veut tout régenter, mais en plus il se met à draguer Sandrine. »

Cécilia haussa les épaules. Marcel revint très vite.

« Voilà, je l'ai emprunté au médecin scolaire », dit-il en tendant le stéthoscope à Dino.

Marcel choisit un grand break. Ils chargèrent les cartons et sortirent du C.E.S. Dino avait marqué sur un petit bout de papier le nombre de kilomètres inscrits au compteur et Sandrine avait glissé son étui sous la banquette.

M. Maloin, qui revenait au C.E.S. en gesticulant et en parlant tout seul, s'écria en se tirant nerveusement l'unique mèche qui lui couvrait d'ordinaire tant bien que mal le crâne :

« Aux voleurs ! Les terroristes me volent ma voiture !

— Qui c'est celui-là ? demanda Dino d'un air inquiet. Je croyais qu'on était seuls dans la boucle. Je n'ai pas envie de retourner en prison pour vol de voiture.

— Vous ne risquez rien, expliqua Sandrine. Comme vous le savez il ne se souviendra de rien. Et pour l'instant, il peut bien crier autant qu'il veut, il est seul dans la boucle en dehors de nous, ça je vous le promets.

— Inutile de croire que vous allez pouvoir passer en Suisse, vociférait le surveillant général en courant derrière la voiture. Vous êtes repérés, je vais immédiatement prévenir Interpol puisque la police française est atteinte de la maladie du sommeil. »

Arrivé au coin de la rue, Marcel baissa la vitre et s'arrêta.

« Ne vous inquiétez pas, on revient,

monsieur le commissaire, et on va vous filer un coup de main pour la mission Gamma. »

Et Marcel redémarra. Il roula un bon moment en zigzaguant entre les voitures. Dino finit par désigner une agence du Crédit Dieppois, il voulait aller y faire un tour. Marcel freina, et la voiture s'arrêta dans un épouvantable crissement.

« Bon, je ne coupe pas le moteur et je reste au volant, proposa-t-il.

— T'as encore trop regardé la télé, on n'est pas dans un feuilleton », dit Vincent sèchement.

Ils entrèrent dans la banque. Au guichet un monsieur avançait la main pour prendre les billets que lui tendait le caissier.

« Pour ça il n'y a pas besoin de perceur de coffre-fort, dit Marcel en se précipitant vers le guichet.

— Laisse ces billets, cria Dino. On ne prend que ce qu'on trouve dans les coffres. Ce pauvre type ne pourra jamais prouver qu'on lui a pris son argent. Et de toute façon il n'y a que les grosses sommes qui nous intéressent. Pas le temps de s'occuper de ce genre de broutille », dit-il en désignant les quelques billets de 100 francs qui s'apprêtaient à changer de mains.

Après avoir jaugé le coffre de loin, Dino s'en approcha. Il l'ausculta avec son stéthoscope, tapotant par-ci, par-là d'un doigt

« Aux voleurs ! les terroristes me volent ma voiture..! »

expert en hochant la tête. Il bougea les boutons, écouta encore et se releva.

« J'en ai pour deux minutes. Ce coffre a dû être construit par l'Association des Amis des Voleurs. Il faut être banquier pour avoir besoin d'une clef pour l'ouvrir. »

Effectivement en quelques instants le coffre était ouvert.

« Il va falloir trouver plus coriace, parce que ce n'est vraiment pas marrant. Une panne d'ordinateur, c'est quand même autre chose. »

Les enfants furent cependant très admiratifs et l'applaudirent à tout rompre. La porte s'ouvrit sur un maigre butin. Pas même de quoi remplir le plus petit des cartons.

« On n'a qu'à aller aux Champs-Élysées, proposa Marcel, il y aura certainement plus de fric qu'ici.

— Bonne idée, approuva Dino, là-bas il ne doit pas suffire de souffler sur les coffres pour qu'ils s'ouvrent. Et on sera tout près de la place de la Concorde. »

Avant de repartir, Dino déposa sur le bureau du directeur un petit mot qu'il avait tapé à la machine, indiquant que l'argent de son coffre se trouvait place de la Concorde dans un emballage portant le nom et l'adresse de la banque.

Ils remontèrent en voiture. Marcel eut quelques difficultés à traverser le pont Alexandre-III, très embouteillé. Il parvint non sans mal sur les Champs-Élysées, et se gara dans l'une des contre-allées. Tout le monde sortit de la voiture.

« Moi, je vais faire mon boulot », dit Dino en se dirigeant vers une banque.

Et le Sicilien entra dans la banque, suivi de Marcel et Sandrine.

« Et si on allait plutôt faire un tour ? » suggéra Cécilia.

Vincent et Paul hochèrent la tête en signe d'assentiment et ils commencèrent à remonter les Champs-Élysées.

« On aurait dû proposer à Sandrine de venir, dit Vincent avec une nuance de regret dans la voix.

— Tu sais, elle a l'air de se trouver très bien avec Marcel », remarqua Paul.

Vincent, très mécontent, n'ouvrit pas la bouche, Paul préféra ne pas insister et Cécilia changea de sujet.

Le trio marcha un moment.

« La plupart de ces gens ont vraiment des têtes sinistres, remarqua Vincent. On devrait leur peindre la figure, ils auraient l'air plus rigolo.

— On pourrait acheter des produits et les maquiller », proposa Cécilia qui décida d'aller emprunter de l'argent à son oncle.

Ils redescendirent vers la banque. Sandrine, Marcel et Dino étaient en train de transporter des cartons pleins de billets. Dino était ravi.

..Marcel et Dino étaient en train de transporter des cartons pleins de billets.....

« Cette fois-ci, ce n'était pas un petit coffre à la mords-moi-le-doigt. Un vrai petit bijou, vous auriez dû voir ça. Et bien rempli par-dessus le marché !

— Et alors, qu'est-ce que vous fabriquiez ? demanda Marcel, mécontent. Au lieu de nous aider, vous allez vous balader ! »

Vincent fit comme s'il n'avait rien entendu. Cécilia emprunta un peu d'argent à son oncle à qui elle expliqua leur projet.

« Pendant que vous parlez, je descends un premier chargement de cartons place de la Concorde, grogna Marcel. La voiture est déjà pratiquement pleine. Mais j'ai besoin d'aide. Tu viens, Sandrine ?

— Oui, bien sûr ! » dit-elle en montant dans la voiture.

Marcel démarra rapidement et adressa au trio un sourire moqueur.

« Évidemment... elle a l'air très copine avec Marcel », ne put s'empêcher de remarquer Cécilia.

Vincent haussa les épaules en soupirant. Il déplorait de plus en plus la présence de Marcel dans la boucle et aurait voulu pouvoir parler avec Sandrine. Pendant que Dino entrait dans une autre banque, les trois amis se dirigèrent vers un magasin où ils laissèrent la somme correspondant au prix des trois boîtes de maquillage qu'ils emportèrent. Ils se mirent aussitôt à maquiller les passants. Au début, il s'agissait simplement de points,

de traits et de figures géométriques simples. Peu à peu, les maquillages devenaient plus élaborés et couvraient l'ensemble du visage. Tout le monde y passait. Les jeunes et les vieux, les hommes et les femmes, les quelques militaires et les nombreux agents de police.

« On peut vraiment dire que cette avenue a changé de visage, remarqua Cécilia en souriant.

— Ça fait un drôle de carnaval ! Il n'y en a peut-être jamais eu un comme ça à Paris. »

Après un bon moment, le trio aperçut Dino qui sortait d'une banque. Juste à cet instant Marcel se gara en trombe.

« Vous auriez dû voir ça, déclara Dino qui rayonnait de bonheur. Je suis tombé sur de véritables merveilles. Mais j'ai fini, tous les coffres sont vides.

— Vous exagérez vraiment, tempêta Marcel en sortant de voiture. Sandrine et moi, on s'est tapé tout le boulot. Il a fallu aller chercher d'autres cartons et ensuite tout transporter. Et pendant ce temps...

— Oh ! ça va ! l'interrompit Vincent. Écrase un peu, tu nous casses les pieds ! »

Une nouvelle tentative de Marcel d'entraîner Sandrine se solda par un échec pour la plus grande satisfaction de Vincent. Ils contemplèrent la foule de visages multicolores qui avaient remplacé les grises mines.

« On a fait du bon boulot, remarqua

Vincent. Mais je suis vraiment crevé. Je propose qu'on rentre au C.E.S. »

Ils retournèrent à la voiture. Marcel, très excité, se prenait pour un pilote de rallye et roulait à toute vitesse en frôlant les voitures.

« Ça suffit ! cria Vincent. Tu devais rouler doucement. Ralentis ou je descends !

— Mais je t'en prie, je ne te retiens pas... répondit Marcel en s'arrêtant brusquement.

— Vincent a raison, intervint Dino. Roule moins vite, on va avoir un accident. De toute façon, je déteste la vitesse. J'ai eu assez peur avec mon père quand j'étais petit. Il ne supportait pas qu'on le double !

— Bande de trouillards ! bougonna Marcel en démarrant, mais lentement.

— Vous n'avez pas faim ? demanda Cécilia.

— Ah ! oui, alors ! »

La réponse était unanime.

« Il faut manger quelque chose, souligna Paul, parce que quand on sortira de la boucle, il sera toujours 9 heures 20. Je ne pourrai jamais attendre jusqu'au déjeuner.

— Entendu, je vous invite ! » conclut Dino en se frottant les mains.

7

« Et où est-ce que tu nous invites ? demanda Cécilia très satisfaite que sa proposition ait été acceptée.

— On n'a qu'à aller pique-niquer dans un endroit agréable après s'être arrêté dans une épicerie italienne », proposa Dino.

Ils ne tardèrent pas à en apercevoir une qui était déserte. Ils descendirent tous. Dino entra en respirant profondément.

« Quelle odeur sympathique ! » dit-il en commençant à découper des tranches de jambon de Parme, de mortadelle et de salami. Puis il choisit avec attention un grand saucisson, remplit une barquette d'olives noires, une d'olives vertes et une plus grande de cœurs d'artichauts. Un grand morceau de gorgonzola, deux boules de pain de campagne et trois bouteilles de vrai jus d'orange rejoignirent le reste au fond du grand sac en papier. Il fit le calcul de ce qu'il devait et mit la somme avec un petit mot près de la caisse sous le nez de l'épicier, un gros monsieur rougeaud à l'immense moustache noire et qui semblait regarder dans le vide.

Puis ils allèrent s'installer confortablement aux Tuileries et mangèrent tranquillement.

« Je ne suis pas du tout pressé de retourner au C.E.S., déclara Vincent.. De toute façon, ce bahut, j'en ai marre, il faudrait profiter de la boucle pour nous offrir de petites vacances.

— C'est une bonne idée, approuva Cécilia, mais comment faire ?

— Il suffit de trouver quelques bulldozers et on transforme le C.E.S. en un grand tas de gravats... proposa Marcel.

— On pourrait bloquer Paris, suggéra Paul. On va chercher des caisses de clous. On les répand dans les rues les plus importantes. A la fin de la boucle, les voitures crèvent toutes et Paris est complètement paralysé !

— Fantastique... ! approuva Cécilia. Et ça va durer un bon bout de temps, parce qu'il sera impossible d'évacuer les voitures et très long de faire venir et de changer les chambres à air.

— Très bien, déclara Vincent. On ne

parlera sans doute plus que de ça au C.E.S. Mais les cours auront lieu !

— Eh bien, on pourrait orienter les recherches concernant ce nouveau mystère sur le C.E.S. Monteverdi, en mettant un mot à l'A.F.P. C'est une agence qui diffuse des informations à la télé, à la radio et aux journaux ! » conclut Cécilia.

Marcel, évidemment enchanté par la perspective de semer des clous partout, sautait de joie. Sandrine avait accepté à condition d'arrêter la boucle tout de suite après. Dino était très réticent.

« Ne vous inquiétez pas, tout le monde sera remboursé par la Ville de Paris, assura Marcel.

— Tu te rends compte, Paris sans voitures... La ville rendue aux piétons ! » ajouta Cécilia, à l'adresse de son oncle.

Dino, à moitié convaincu seulement, finit par accepter. Ils ramassèrent tous les papiers gras et les bouteilles vides, les mirent dans une corbeille et retournèrent dans la voiture.

Marcel les conduisit au B.H.V. Ils se précipitèrent au sous-sol où ils remplirent autant de sacs de clous qu'ils pouvaient en porter. Bien entendu, Dino les paya. Puis Marcel commença par emprunter les grandes artères. Vincent, Cécilia, Paul et Sandrine jetaient les clous par poignées. Marcel accomplissait des prodiges de mémoire pour ne pas croiser une rue qu'il venait d'emprunter afin de ne pas crever lui aussi.

Ils avaient déjà beaucoup roulé quand la voiture commença à toussoter. Au bout de quelques centaines de mètres, elle s'arrêta. Marcel ne parvenait pas à redémarrer.

« Tu es sûr qu'il y a encore de l'essence ? demanda Dino.

— Non, tu as raison... il n'y en a plus ! répondit Marcel après avoir regardé le tableau de bord.

— Ah ! tu parles d'un conducteur ! vitupérait Vincent. Même pas capable de surveiller l'essence ! Qu'est-ce qu'on va faire maintenant, hein ?

— Aucun problème, expliqua Marcel, très calme. Vous descendez tous et vous me poussez jusqu'à la prochaine station-service.

— Ça, c'est une idée géniale ! reprit Vincent en descendant. Et cet abruti va rester bien tranquillement dans la voiture, pendant qu'on va s'épuiser à pousser !

— Allez, au boulot ! lança Marcel en rigolant. Et estimez-vous heureux qu'on ne soit pas dans une côte !

— Imbécile ! Si on était dans une côte, il suffirait de faire demi-tour et de se laisser aller en roue libre... », répondit Paul.

Ils se mirent donc à pousser. A cinq, ce n'était pas trop difficile. C'est du moins ce qu'ils pensèrent au début, mais ils se fatiguèrent vite. Il n'y avait toujours pas de pompe à essence en vue.

« Allez, plus vite, plus vite ! » criait Marcel sans aucune gêne.

Puis, il se tourna vers Sandrine.

« Te fatigue pas comme ça... sinon, tu vas garder un mauvais souvenir de ton séjour dans le passé. Monte dans la voiture... A eux quatre, ils y arriveront bien ! »

Vincent s'apprêtait à ouvrir la portière et à flanquer une raclée à Marcel quand Paul, suant sang et eau, s'écria :

« Regardez ! Dans la rue... à droite... à vingt mètres, il y a un garage ! »

Ils y arrivèrent en quelques secondes. Marcel descendit et fit le plein de super. Dino mit l'argent correspondant à ce qui était indiqué sur la pompe dans l'abri où se tenait le pompiste. Il joignit, comme à chaque fois, un petit mot. Puis, tous remontèrent dans la voiture qui redémarra sans problème. Ils se remirent à répandre des clous jusqu'à ce que leurs sacs soient vides.

Bientôt, tous les clous du B.H.V. se trouvèrent sur les chaussées de Paris. Dino semblait satisfait mais les enfants ne pensaient pas en avoir répandu assez.

« Si vous tenez absolument à continuer, maugréa Dino qui, manifestement, n'en avait aucune envie, il faut passer chez moi chercher de l'argent, je n'en ai presque plus !

— D'accord, on y va. Vous habitez où? demanda Vincent.

— Pas loin du C.E.S. Mais d'abord, on va rendre la voiture. Il est déjà presque impossible de circuler avec. Vous n'aurez qu'à emprunter des vélomoteurs ensuite. »

Tous, sauf Marcel, trouvèrent l'idée excellente. Après avoir garé la voiture dans le C.E.S., Dino laissa un petit mot avec la somme correspondant à sa « location ». Marcel, qui ne s'habituait pas à cette façon d'agir, le regardait avec des yeux ronds. Sandrine récupéra son étui sous la banquette, puis ils se rendirent chez Dino.

« J'ai faim et je suis fatiguée, déclara Cécilia. Sans la boucle on serait déjà le soir probablement.

— Ou même au milieu de la nuit ! ajouta Vincent.

— Allez dans la cuisine manger ce que vous voulez... proposa Dino. Je vais gonfler des matelas pneumatiques et on pourra dormir un peu. J'ai l'habitude de voir mon appartement transformé en terrain de camping par une bande de Milanais qui vient régulièrement.

— Une bande de gangsters? demanda Paul inquiet.

— Non, répondit Dino en riant, enfin... pas tout à fait. »

Ils dînèrent et allèrent se coucher. Cécilia dormait sous un grand dessin en couleurs

Bientôt, tous les clous du B.H.V. se trouvèrent sur les chaussées de Paris....

représentant Dino confortablement installé dans une chaise longue et ayant pour légende :

« *La vita comincia da quaranta anni** . »

Après l'équivalent d'une bonne nuit de sommeil, peut-être plus, ils se réveillèrent et prirent un petit déjeuner. Dino leur donna de l'argent pour acheter des clous.

« Vous savez, on pourra vous rembourser une bonne partie des clous et de l'essence avec notre argent de poche ! » proposa Vincent à Dino.

Paul et Cécilia approuvèrent immédiatement.

« Non, non... répondit Dino en souriant, cette journée de vacances spéciales m'aura coûté cher, mais ça valait le coup ! »

Vincent, Cécilia, Sandrine, Paul et Marcel passèrent encore beaucoup de temps à semer des clous après avoir emprunté des vélomoteurs. Ils achetaient systématiquement le stock des quincailliers. Pendant ce temps, Dino était allé se promener. Ils s'estimèrent finalement satisfaits du résultat de leur travail.

Avant de rendre les vélomoteurs et de retrouver Dino, ils passèrent à l'A.F.P. Ils élaborèrent ensemble un texte qu'ils laissèrent bien en évidence sur le bureau du directeur.

* La vie commence à quarante ans.

enregistra aussitôt ce qui venait de se passer, puis il transmit le micro à Cécilia en disant :

« Il faut qu'il y ait nos trois voix, pour qu'on soit bien sûrs, ensuite, qu'on était ensemble. »

Cécilia enregistra donc la suite du récit. Puis ce fut le tour de Paul. Vincent allait ranger le magnétophone dans l'armoire quand Sandrine arriva. A cet instant, sa ressemblance avec Vincent était frappante. Cécilia murmura à son oreille :

« C'est incroyable, on dirait ta sœur ! »

« Qu'est-ce que vous manigancez ? demanda Sandrine, les sourcils froncés. Qu'est-ce que c'est que ce magnétophone ? »

Sandrine s'empara du magnétophone. Les trois amis avaient l'air pris en faute et retenaient leur respiration. Sandrine rembobina la cassette et écouta le début de l'enregistrement. Elle comprit tout de suite.

« Flûte de flûte de sacrebouille d'embouille ! » s'écria-t-elle. La fureur et l'amusement semblaient étroitement mêlés sur son visage.

Vincent fut très troublé d'entendre à nouveau cette formule dans sa bouche, surtout après la remarque de Cécilia.

« Mais enfin, qui es-tu ? » demanda-t-il.

Il y avait presque de l'anxiété dans sa voix. Sandrine fit comme si elle n'avait pas entendu la question.

« Tu sais que c'est un peu salaud ce que

« je suis le Maître
du Monde.... »

tu essayais de faire là ? dit-elle en soupirant. Tu ne sembles pas du tout te rendre compte des ennuis que j'aurais eus si tu avais réussi ! »

Elle retira la cassette du magnétophone et la mit dans sa poche.

« Bon, reprit-elle, je crois que Dino a dû avoir le temps de retourner à son travail. Décidez rapidement de l'endroit où vous voulez être quand la boucle va se terminer et je vais procéder à ma petite opération.

— Pas question ! dit Vincent.

— Comment ça, pas question ? protesta Sandrine avec violence. Je t'ai pourtant bien dit que c'était une question de vie ou de mort !

— Admettons... dit Vincent. Mais je ne te laisserai pas faire si on ne peut pas garder une trace de la boucle. Même infime. Il faut qu'on ait un élément pour reconstituer ce qui s'est passé. Sinon, on va devenir dingues de ne rien comprendre à toute la pagaille qu'il va y avoir ! »

Sandrine se tut un long moment. Elle semblait réfléchir intensément.

« Je suppose que je n'ai pas le choix ? » finit-elle par dire.

Il y avait plus d'émotion que de colère dans sa voix. « Bon, voilà ce que vous allez enregistrer : « Une fille inconnue... »

— Et pourquoi pas dire Sandrine ? demanda Vincent.

— Non, pas mon prénom ! Je reprends :

« Une fille inconnue venue du futur nous a
« introduits dans une boucle temporelle où
« le temps était dilaté. Pendant qu'il se passait
« une fraction de seconde pour les autres,
« nous avons vécu une journée et nous
« avons eu le temps de faire beaucoup de
« choses. »

— C'est tout ? maugréa Vincent, l'air déçu.

— Oui, c'est tout ! A vous de vous débrouiller par la suite ! »

Devant l'air tellement sérieux et catégorique de Sandrine, Vincent n'osa pas insister. Il mit une cassette neuve et enregistra les premiers mots de la phrase dictée par Sandrine, puis passa le micro à Cécilia et enfin à Paul. Chacun d'entre eux écrivit un petit mot qu'il déposa sur sa table : « *Pour comprendre ce qui se passe, écouter le magnétophone qui se trouve dans l'armoire...* »

« Bon, le mieux, c'est que vous retourniez à vos places », dit Sandrine en s'adressant à Paul et à Cécilia.

Ils se dirent au revoir, non sans une certaine émotion, et Sandrine sortit avec Vincent qui se sentit tout à coup bizarrement mal à l'aise. Mais il ne savait pas par quelle question commencer et, finalement, resta silencieux. Ils rejoignirent M. Maloin et Marcel. Ce dernier semblait lancé dans une grande explication. Le surveillant général le regardait, ébahi et terrorisé.

« On va s'arrêter là ! » dit Sandrine à Marcel.

Elle avait de nouveau dissimulé son étui.

« Mon cher Nabu le bidon, dit Marcel qui semblait vraiment à son affaire, je dois vous quitter... Mais allez dans votre bureau prendre connaissance de la lettre d'Edmond Farcellin...

— Ah ! vous êtes au courant ? » soupira le surveillant général d'un air lamentable.

Sandrine, Marcel et Vincent retournèrent dans le couloir où Sandrine avait ouvert la boucle temporelle. Elle sortit son instrument et demanda à Vincent de remonter un peu sa manche.

« Tu aurais pu quand même m'en dire un peu plus sur la personne à qui était destiné ce sang ! maugréa Vincent, en tendant le bras.

— Bon, je retourne près de l'endroit où j'étais, au troisième étage, dit Marcel. Allez, salut, Sandrine... et si tu reviens dans les parages, passe me voir...

— Je n'y manquerai pas ! répondit Sandrine. Allez, salut, Marcel !

— Au fait ! s'écria tout à coup Vincent, je ne connais même pas ton nom de famille ! »

Sandrine avança son instrument. Elle le mit contre le bras de Vincent qui sentit comme une piqûre au moment où elle tira un petit levier. Une fraction de seconde avant de disparaître et de le renvoyer dans le temps réel, elle murmura à son oreille :

« je ne connais même pas ton nom de famille ! »

« Je m'appelle Sandrine Larchand ! »

Vincent n'eut pas le temps de manifester son ahurissement, il était de nouveau dans le temps ordinaire et avait tout oublié de la boucle.

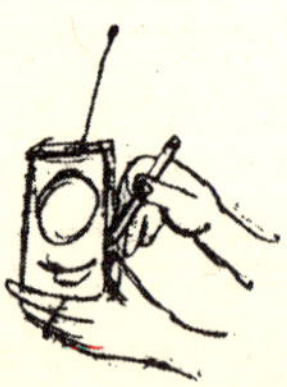

8

Vincent tourna la tête dans tous les sens, l'inconnue s'était volatilisée. Il se mit à parcourir les couloirs à toute vitesse et finit par tomber sur Marcel.

« Et alors ! Triple buse ! Où as-tu mis son étui ?

— Et toi... qu'as-tu fait de ta Togolaise ? C'était quoi, les confidences qu'elle voulait te faire ?

— Je ne sais pas. Elle a disparu ! Il faut essayer de la retrouver. Mais dis-moi où est l'étui ?

— Bon, je vais te le montrer. Je me demande d'ailleurs ce que peut être ce truc ? On le récupère et on va chercher la fille ! »

Marcel conduisit Vincent devant le placard

à balais. Il l'ouvrit et chercha à l'intérieur.

« C'est incroyable ! Il n'est plus où je l'avais mis. C'est Nabu qui a dû le récupérer. Je l'avais planqué là parce qu'il me collait au train.

— Il faut essayer de retrouver l'inconnue. C'est quand même dément, cette histoire ! »

Vincent et Marcel arpentèrent les couloirs de tous les étages pendant un moment. Elle était introuvable.

« Bon, eh bien, on n'a plus qu'à retourner en classe... constata Vincent, morose. Je me demande où elle a pu passer, tu as raison, c'est dingue ! »

Son bras le démangeait, il se gratta instinctivement. En regagnant leur étage, ils croisèrent des élèves, l'air hilare, qui sortaient des salles de classe. Comme ce n'était pas l'heure de la récréation, Vincent leur demanda ce qui se passait. Il apprit que plusieurs professeurs avaient reçu un mot de M. Maloin et se rendaient dans son bureau en expédiant leurs élèves dans la cour.

Dans un des couloirs, des vociférations et d'épouvantables glapissements se faisaient entendre au milieu des rires d'une meute d'élèves déchaînés. On venait de découvrir dans les bras du professeur d'allemand un hibou empaillé. La vieille demoiselle s'était évanouie de terreur puis était revenue à elle pour hurler des phrases incohérentes.

Vincent et Marcel frappèrent à la porte

de leur classe. Mlle Dutillard les fit entrer et cessa de houspiller le pauvre Marc Lanveau qui roulait des yeux effarés.

« Mademoiselle... L'inconnue a disparu, expliqua Vincent, piteusement. Et je ne peux absolument pas vous dire comment !

— Comment ça ? Mais elle ne s'est quand même pas volatilisée, votre Togolaise ?

— Je ne sais pas, mais on ne la trouve plus.

— Bon. Regagnez vos places. On éclaircira ce mystère plus tard ! conclut Mlle Dutillard en retournant à son bureau.

— A propos ! s'écria Marcel. Vous savez que plusieurs profs envoient les élèves en récré ? Il paraît qu'ils ont reçu un mot de Na... euh... je veux dire du surveillant général.

— Eh bien, moi, je n'ai rien reçu. Ne comptez pas sur ce petit stratagème pour me faire arrêter mon cours, araignée ou pas ! »

Vincent apprit qu'à la stupéfaction de toute la classe, on s'était aperçu tout à coup qu'elle avait une énorme araignée dessinée sur le front. La classe, d'abord surprise, avait bientôt hurlé de rire et Marc Lanveau avait demandé à Mlle Dutillard si c'était bien une mygale qu'elle avait sur le front. La jeune femme s'était regardée dans un carreau, avait eu l'air quelques instants fort troublée puis s'était rageusement effacé ce tatouage avec un kleenex et de l'eau de toilette qu'elle transportait toujours dans un bidon de camping.

Mais, peu après, le regard de Mlle Dutillard tomba sur l'enveloppe qui était en évidence sur son bureau. Elle la prit, l'ouvrit et lut la fausse lettre de M. Maloin, rédigée par Paul et Marcel pendant qu'ils se trouvaient dans la boucle temporelle. Les sourcils de Mlle Dutillard se haussèrent au fur et à mesure de sa lecture. Elle termina en haussant carrément les épaules.

« Bon... On continue. Il se passe des choses bizarres aujourd'hui, mais après tout, ça nous change de la morosité quotidienne ! » dit-elle.

Pendant ce temps, Vincent avait regagné sa place et Cécilia lui avait montré le petit mot invitant à écouter le magnétophone.

« Et il y avait la même chose devant Paul et devant moi, murmura Cécilia, de nos trois écritures. Je ne sais absolument pas comment ça a pu atterrir sur nos tables. Ça doit être un coup de ta Togolaise ! »

Vincent crut un instant à un canular de ses deux amis. Mais il se passait suffisamment de choses étranges depuis leur rencontre avec l'inconnue dans le passage Paul-Émile Grandnor, pour qu'il commence à se poser de sérieuses questions.

« On écoutera tout à l'heure », souffla-t-il à Cécilia.

A ce moment-là, la porte s'ouvrit avec fracas. Le visage sombre, le pas décidé, M. Maloin fonça vers le bureau de Mlle Dutillard.

« Vous avez peut-être trouvé un mot inepte, prétendument signé de moi, souffla-t-il à mi-voix. C'est évidemment un faux scandaleux. Absolument scandaleux ! Mais j'éclaircirai ce mystère plus tard. Je ne suis, hélas ! pas venu pour ça... »

Et le surveillant général se tourna vers la classe et reprit à voix forte :

« Marcel Lambert ! »

Marcel se leva, à demi rassuré. M. Maloin poursuivit avec beaucoup de gravité :

« Je vous ai aperçu devant le placard à balais. Inutile de m'inventer des histoires à dormir debout qui n'arrangeraient pas les choses. »

M. Maloin fit une pause. Marcel la mit à profit pour dire sur un ton qui se voulait dégagé, mais qui était cependant un peu tendu :

« Oui... mais ce n'est pas moi qui ai volé les balais. Je ne suis pour rien dans ce crime.

— Ah ! non, Lambert, non ! Inutile d'essayer de biaiser. S'il y a eu crime, ou préparation de crime, les tribunaux en décideront. Toujours est-il que l'engin de mort est maintenant en ma possession. Je l'ai mis dans mon coffre-fort. Vous êtes fait, mon garçon... Avouez tout et tout de suite ! »

Au fur et à mesure que M. Maloin parlait, le silence était devenu de plus en plus pesant. Tous les regards se portaient alternativement sur le surveillant général et sur Marcel. Mlle Dutillard remontait du bout de l'index ses lunettes qui lui glissaient sur le nez et avait beaucoup de mal à cacher sa stupéfaction. Peut-être même devait-elle réprimer une forte envie de rire, ce rire torrentiel, reconnaissable entre mille que, par moments, on pouvait entendre à trois classes de distance.

« Alors, Lambert ? tonitrua le surveillant général trépignant d'impatience.

— Alors quoi ? demanda Marcel avec une nuance de bravade dans la voix.

— Ah ! ne me poussez pas à bout ! Avouez, Lambert, avouez !

— Eh bien, j'avoue, monsieur le surveillant général, que je comprends que dalle à ce que vous dites ! »

Divers gloussements ponctuèrent la réponse de Marcel qui décupla encore la fureur de M. Maloin. Celui-ci reprit, sans crier mais avec un très léger tremblement dans la voix :

« Marcel Lambert, vous avez toujours été un mauvais élément dans cet établissement. Un cancre et un fauteur de trouble, et de plus, vous êtes un terroriste. Malheureusement pour vous, j'ai pu trouver et mettre en lieu sûr l'arme, extrêmement sophistiquée,

« Avouez, Lambert, avouez! »

que vous avez clandestinement introduite dans le C.E.S. Votre cas ne relève évidemment plus du conseil de discipline, mais de la police et des tribunaux. Je tenais à vous en avertir. Inutile de jouer les innocents. Les preuves sont accablantes et je vous engage vivement à changer votre système de défense ! »

Marcel qui, un moment, avait craint des complications, était maintenant rassuré par l'extravagance même des accusations de M. Maloin. Aussi est-ce avec décontraction qu'il se tourna vers ses camarades et dit à mi-voix, mais suffisamment fort pour que tout le monde l'entende :

« Nabu a bu ! »

Un éclat de rire général relâcha la tension des dernières minutes. Mlle Dutillard se mordit sauvagement la main pour tenter de garder son sérieux. Sans partager entièrement le point de vue de Marcel, elle commençait à s'inquiéter de l'état du surveillant général. Elle chercha un moyen de débloquer la situation et le trouva, avec son efficacité bien connue, fort rapidement.

« Monsieur... dit-elle en s'adressant à M. Maloin, j'ai l'impression que la situation est grave, très grave. Suffisamment pour que la présence de M. le principal soit souhaitable. Si vous le voulez bien, je vais demander à l'un de mes élèves d'aller le chercher. »

Le surveillant général hésita un instant,

puis accepta. Mlle Dutillard se tourna alors vers Vincent et lui demanda d'aller chercher M. Langlois. Vincent se dépêcha, entra dans son bureau et le trouva en compagnie du censeur. Il eut l'impression de le voir dissimuler sous un dossier ce qui ressemblait bien à une bande dessinée.

Le principal fronça le sourcil, ne comprenant pas grand-chose à la situation. Après avoir demandé au censeur d'aller dans la cour de l'établissement ramener le calme, il accepta de suivre Vincent. Ils arrivèrent dans la classe où régnait un silence pesant. Le surveillant général exposa rapidement ses conclusions au chef de l'établissement dont le visage s'assombrissait de seconde en seconde et qui finit par échanger, à l'insu de M. Maloin, un regard consterné avec Mlle Dutillard.

« Oui... oui... dit-il, en caressant sa barbe avec un embarras extrême. Je pense, monsieur Maloin, que nous pourrions examiner cette question ensemble dans mon bureau et éclaircir cette affaire, loin du bruit et de la fureur. »

La rumeur dans la cour, en effet, devenait peu à peu un vacarme épouvantable.

« Je crois que je ne me suis pas bien fait comprendre, s'indigna le surveillant général, cette affaire est tout ce qu'il y a de plus claire. Un examen supplémentaire n'apporterait aucun élément nouveau et nous ferait perdre un temps précieux que les complices de cet individu pourraient mettre à profit.

— Oui, sans doute, reprit M. Langlois, de plus en plus mal à l'aise. Mais voyez-vous, les faits ne sont peut-être pas aussi simples. Et je...

— Ah !... Monsieur le principal, vous ne mettriez tout de même pas ma parole en doute ? s'écria M. Maloin en posant sa main droite sur son cœur. De toute façon, j'ai une preuve irréfutable que je peux vous montrer immédiatement. L'arme du criminel est dans le coffre-fort de mon bureau ! »

Au même moment, le censeur et le concierge entrèrent dans la classe en présentant des signes d'agitation extrême.

« Monsieur le principal... Monsieur le principal... dit le censeur en gesticulant, M. Chamoin a quelque chose de très important à vous dire ! »

Le concierge s'avança, l'air un peu gêné, et se décida à parler :

« Eh bien, voilà ! Je viens d'entendre les informations à la radio, un flash spécial : il paraîtrait que tout Paris est bloqué par un gigantesque embouteillage et qu'on vient de commettre un énorme hold-up.

— C'est très ennuyeux, grogna le principal, mais je ne vois pas bien en quoi cela nous concerne. De toute façon, Paris est de plus en plus encombré. Cet embouteillage n'a donc rien d'absolument extraordinaire.

Quant aux hold-up, il y en a tous les jours, alors...

— Vous ne savez pas tout... précisa le censeur. Il ne s'agit pas d'un embouteillage ordinaire. Presque toutes les voitures ont crevé des quatre pneus, il y a des clous partout et le dégagement des rues va prendre un temps fou. Et attendez, M. Chamoin ne vous a pas tout dit !

— Ils disaient à la radio, reprit le concierge, que l'A.F.P. a reçu un message leur certifiant que ce hold-up et cet embouteillage sont en rapport avec le C.E.S. Quelqu'un nous en veut, monsieur le principal...

— Taisez-vous ! C'est absolument impossible ! gronda M. Langlois que ces révélations successives exaspéraient et accablaient à la fois.

— Hein ? Qu'est-ce que je vous disais... hein ? jubilait le surveillant général. L'activité de cet individu malfaisant et de ses complices a pris des proportions encore plus grandes que ce que je craignais ! »

Le principal, fort perplexe, se ressaisit rapidement. Il lissa de nouveau sa barbe et se tourna vers le censeur :

« Amenez-moi tous les élèves, tous les professeurs et tout le personnel dans la cour, je veux éclaircir cette histoire de fous. Je vais accompagner M. Maloin dans son bureau pour qu'il me montre ce qu'il a trouvé. Mlle Dutillard et vous, Lambert, vous allez venir avec nous. Pendant ce temps, tous les autres élèves vont dans la cour !

— Ils y sont déjà, hélas ! » soupira le censeur en levant les yeux au ciel.

La classe commença à se vider. Vincent retint Cécilia et Paul. Quand ils furent seuls, il leur dit :

« C'est le moment ou jamais d'écouter le magnétophone. »

Vincent ouvrit l'armoire et fit fonctionner l'appareil. Ils entendirent alors leurs propres voix. Vincent, puis Cécilia et enfin Paul disaient : « Une fille inconnue venue du futur nous a introduits dans une boucle temporelle où le temps était dilaté. Pendant qu'il se passait une fraction de seconde pour les autres, nous avons vécu une journée et nous avons eu le temps de faire beaucoup de choses. » C'était tout. Ils restèrent un instant sans pouvoir articuler une parole. Vincent réécouta la bande, la mit dans sa poche et rangea le magnétophone dans l'armoire.

« C'est pas possible ! s'exclama Paul. Qu'est-ce que c'est que ce truc ? Quelqu'un a dû imiter nos voix !

— Et nos écritures ? demanda Vincent en sortant le petit billet de sa poche.

— C'est absolument incompréhensible... murmura Cécilia. Mais tout ce qui arrive depuis ce matin est si incompréhensible !

Le mieux est d'essayer de comprendre quand même. On n'a qu'à prendre ce qui est dit au magnétophone comme hypothèse.

— Mais Paul a raison, intervint Vincent. Ce n'est pas possible.

— Et si on t'avait annoncé hier tout ce qui se passerait pendant ce cours de maths, t'aurais cru ça possible ? Et tu peux m'expliquer qui a enregistré ça sur le magnéto et quand ?

— Non, évidemment ! répondit Vincent.

— Bon ! Eh bien, on prend ça simplement comme une hypothèse. Et on essaie de voir si ça peut coller avec ce qu'on va apprendre à partir de maintenant... proposa Cécilia.

— Oui. Il n'y a que ça à faire ! grogna Paul en se grattant férocement la tête.

— En tout cas, je crois bien qu'on a coupé à la compo d'histoire, remarqua Vincent en retrouvant son sourire, c'est déjà ça ! »

Les trois amis sortirent de la classe et se dirigèrent vers la cour. Pendant ce temps, M. Maloin s'apprêtait à ouvrir son coffre-fort en grande pompe devant le principal et Mlle Dutillard, qui visiblement commençait à trouver la situation intéressante et, comme toujours en pareil cas, plissait le front d'un air méchant.

« Ce criminel va enfin être confondu sans la moindre ambiguïté », lança M. Maloin dont l'unique mèche se trémoussait d'excitation.

Le surveillant général ouvrit son coffre, mais resta immobile, bouche bée. Sa mèche retomba mollement.

« Eh bien, qu'est-ce qui vous arrive, Maloin ? » demanda M. Langlois avec une nuance d'impatience dans la voix.

Le surveillant général mit quelques secondes à répondre d'une voix sourde :

« L'engin de mort a disparu ! »

Il se tourna vers Marcel :

« Cet individu est décidément beaucoup plus fort et beaucoup plus dangereux que je ne l'imaginais. Je l'avais gravement sous-estimé, monsieur le principal.

— Monsieur Maloin, je dois vous avouer que je suis un peu perplexe ! »

M. Langlois semblait chercher ses mots. Mlle Dutillard se mordait les lèvres pour ne pas rire.

« Si vous avez mis quelque chose dans ce coffre, ça n'a pas pu disparaître ? continua le principal. C'est vous qui avez demandé un coffre-fort dans votre bureau, enfin... ! »

Pendant qu'il parlait, ses yeux étaient tombés sur la lettre rédigée par Marcel lors de la boucle temporelle et qui était censée émaner du préfet de police. Il la prit et la lut.

« Qu'est-ce que c'est que cette lettre signée Edmond Farcellin ? demanda-t-il.

— Eh bien... Je ne sais pas... bredouilla le surveillant général, la préfecture me l'a peut-être fait porter par un coursier pendant que je n'étais pas dans mon bureau. Je ne sais pas vraiment, je vous assure... !

— Mais comment, Maloin ? Cette lettre inepte ne peut évidemment pas venir du préfet de Police !

— Ah ! oui... vous croyez ? reprit le surveillant général qui parut s'affaisser sur place. Je me disais aussi... C'est comme cette circulaire, soi-disant signée par moi, qui est arrivée dans les classes... »

Une marée d'élèves hilares et d'enseignants hagards assiégeaient le bureau du surveillant général.

Le principal, sur le point de perdre son sang-froid, caressait rageusement sa barbe, tandis que le vacarme dans la cour prenait les proportions d'un formidable tumulte.

« Qu'est-ce que c'est encore que cette histoire de circulaire ? » s'écria-t-il.

Le surveillant général lui expliqua en deux mots :

« C'est à rattacher à tous les événements mystérieux qui arrivent depuis ce matin ! conclut-il.

— Nous allons nous rendre dans la cour, maugréa M. Langlois. Il faut en premier lieu faire cesser ce tohu-bohu inadmissible. Vous, Lambert, rejoignez vos camarades !

— Mais vous ne pouvez pas relâcher un pareil criminel ! s'exclama le surveillant général, d'un ton suppliant.

— Je prends l'affaire en main. Ne vous

inquiétez pas ! » répondit le principal d'un ton sec.

M. Maloin, écœuré, poussa un grand soupir. Mlle Dutillard n'avait pas dit un mot. Elle paraissait ne plus trop savoir que penser, mais s'amusait beaucoup. Marcel sortit du bureau, bientôt suivi par les trois autres. Il ne tarda pas à aller raconter à sa classe ce qui s'était passé, en se tordant de rire.

Une épouvantable agitation régnait dans la cour et les bruits les plus divers circulaient. Quelques élèves commentaient les flashes radios affirmant qu'un groupe particulièrement bien organisé avait volé en quelques minutes un nombre énorme de voitures et que la police n'avait pu les arrêter qu'en jetant des clous. Certains grimpaient dans les arbres pour tenter de voir ce qui se passait à l'extérieur du C.E.S. et faisaient à leurs camarades les récits les plus fous. D'autres racontaient même que Marcel, à la tête d'un gang redoutable entre tous, avait dévalisé toutes les banques des Champs-Élysées. D'autres, enfin, suggéraient qu'un réseau de révolutionnaires écologistes clandestins avaient entrepris de paralyser toutes les grandes métropoles du monde en commençant par Paris. Quelques-uns allaient même jusqu'à dire que les Vénusiens avaient décidé de massacrer la population parisienne pour la remplacer par des robots attachés à leur service mais ressemblant trait pour trait aux anciens habitants.

Lorsque le principal, le censeur et le surveillant général arrivèrent, ils furent aussitôt submergés par la cohue et comprirent qu'il était impossible de se faire entendre sans sonorisation. Le principal demanda au concierge d'en installer une, pendant que M. Maloin qui transpirait beaucoup, après avoir retourné fébrilement toutes ses poches, se dirigeait vers sa voiture pour faire provision de mouchoirs en papier.

Tandis que le concierge installait le micro et les haut-parleurs en grognant beaucoup, Vincent, Cécilia et Paul s'étaient, en jouant des coudes, glissés au premier rang pour glaner le maximum d'informations. Bientôt M. Maloin revint livide.

« Monsieur le principal... balbutia-t-il. Je dois vous faire savoir un événement nouveau... Quelqu'un a utilisé ma voiture. Le compteur indique qu'on a roulé une bonne centaine de kilomètres depuis que je l'ai garée ce matin !

— Mais enfin... Réfléchissez une seconde, Maloin ! dit M. Langlois avec un certain énervement. La première heure de cours n'est même pas encore terminée, et vous prétendez que quelqu'un a eu le temps de faire plus d'une centaine de kilomètres... ?

— Certes... Certes... répondit le surveillant général dont le visage se décomposait de minute en minute. Mais enfin, les faits sont là ! J'ai d'ailleurs trouvé ce petit mot et cette somme d'argent pour me dédommager ! »

Et Maloin tendit au principal le petit mot et les billets laissés par Dino le Sicilien. M. Langlois était visiblement très surpris. Vincent chuchota à Cécilia et à Paul :

« Vous avez entendu ce que raconte Nabu ? On dirait que sa voiture a fait plus de cent bornes en même pas une demi-heure. Je vais finir par croire à cette boucle temporelle où le temps est dilaté, dont parle le magnétophone...

— Oui, mais tu as bien vu que Nabu est complètement fêlé, ce matin. Il dit n'importe quoi... dit Paul en riant.

— N'empêche, remarqua Cécilia, que cette fois-ci même le principal a eu l'air impressionné en voyant ce que Nabu racontait de sa voiture. »

Les préparatifs de sonorisation étant terminés, M. Langlois tapota le micro de l'index. Un silence inquiétant se fit dans la cour et on n'entendait plus que la vieille femme professeur d'allemand qui, prise d'un accès de délire maniaque, plumait consciencieusement le hibou empaillé en imitant le cri de la chouette. Le principal haussa un sourcil puis déclara de sa belle voix grave :

« Il se passe apparemment des choses étranges. On annonce à la radio un gigantesque hold-up et un embouteillage généralisé à la suite d'innombrables crevaisons. Mais ce qui paraît le plus étonnant dans toute cette histoire c'est qu'on insinue que notre C.E.S. pourrait être mêlé à ces événements. Je n'ai pas pu joindre le commissariat de police dont le standard est saturé. Je prie donc ceux d'entre vous qui seraient au courant de quoi que ce soit concernant ces événements étranges de me le faire savoir immédiatement. »

Il y eut un grand brouhaha dans la cour. M. Maloin s'avança vers le micro, mais le principal le retint par l'épaule en le foudroyant du regard pour le faire taire. Marcel ricana en disant à mi-voix :

« Cet abruti de Nabu a raconté tellement d'âneries que le principal est obligé de lui couper le sifflet ! »

M. Langlois demanda le silence et renouvela son appel. Mais personne ne se manifesta... Tout à coup, on entendit une grande pétarade. Une moto, bientôt suivie de deux autres, entra en trombe dans la cour en fendant la foule des élèves qui applaudirent à tout rompre. Les motards sautèrent à bas de leurs engins et se précipitèrent vers le micro dont ils s'emparèrent sans demander l'avis de personne :

« Nous sommes journalistes, dit l'un d'entre eux. Nous avons réussi à venir jusqu'ici en roulant sur les trottoirs et en déblayant

PRESSE

les clous avant de traverser les rues. Si vous voyiez le spectacle qu'offre Paris en ce moment, c'est absolument hallucinant ! D'après certaines informations diffusées par l'A.F.P., ce C.E.S. serait au centre des événements. Qu'en est-il exactement ? Où est la police ? »

Le principal, vert de rage, leur arracha le micro :

« Écoutez, messieurs, nous étions justement rassemblés pour parler de ces événements. Je voudrais que cette réunion reste interne au C.E.S. J'aimerais donc que vous partiez sur-le-champ. Je ferai tout à l'heure un communiqué à la presse.

— Est-ce qu'au moins, reprit le journaliste, nous pourrions parler au commissaire divisionnaire Léon Maloin ?

— Au commissaire divisionnaire Léon Maloin ? demanda M. Langlois. Mais qu'est-ce que ça veut dire ?

— Comment ! s'exclama le journaliste. Vous ne savez pas qu'il est l'homme le mieux renseigné sur toute cette affaire ? »

9

« Qu'est-ce que c'est que cette histoire de commissaire Maloin ? beugla le principal qui, cette fois, avait totalement perdu son sang-froid et viré au rouge brique.

— Si ça continue, ironisa Paul, il va mourir d'apoplexie ! »

Les deux journalistes tentèrent de s'expliquer mais M. Langlois ne leur en laissa pas le temps et se mit à hurler tandis que le surveillant général trépignait de rage :

« Sortez, messieurs ! Je vous ordonne de quitter mon établissement ! Ne me forcez pas à vous faire expulser...

— Bravo, monsieur le principal, s'écria M. Maloin en gesticulant comme un forcené. Enfin une preuve d'autorité ! Sortez, messieurs, avant que nous n'ayons recours à des moyens extrêmes... !

— Vous... si vous ne la bouclez pas immédiatement, c'est moi qui vous mets aux arrêts de rigueur dans votre bureau ! » gronda M. Langlois dont le teint virait au violet.

« Regarde... non mais regarde un peu Nabu ! » hurla tout à coup Vincent en secouant Cécilia comme un prunier.

Effectivement, la scène était stupéfiante : M. Maloin s'était allongé par terre et gémissait d'une voix lugubre :

« Puisque tout me nuit et conspire à me nuire et que des milliers de serpents sifflent sur ma tête, il ne me reste qu'à mourir en espérant qu'un jour la vérité éclatera et poursuivra les infâmes... »

Paul aperçut Mlle Dutillard dissimulée derrière un arbre et prise, semblait-il, de convulsions étranges. Il comprit très vite qu'elle se pinçait le nez d'une main et se fermait la bouche de l'autre pour s'empêcher de rire. Elle secoua frénétiquement la tête, s'enfuit en courant dans le gymnase et s'enferma dans le vestiaire pour pouvoir rire tout son soûl. Mais personne ne l'entendit, car un hélicoptère de la police vint survoler la cour du C.E.S.

Le principal ordonna à deux jeunes surveillants athlétiques de transporter le surveillant général dans son bureau tandis que l'infirmière du lycée se précipitait dans son officine pour aller chercher un calmant. Les journalistes médusés griffonnaient fébrilement sur leur calepin.

Des élèves goguenards entonnèrent un hymne en l'honneur de Nabu le bidon tandis que quelques professeurs, les cheveux en bataille, les lunettes de travers, le chignon défait ou la cravate agressive, vociféraient sans le moindre succès pour les faire taire. D'autres semblaient tout à fait dépassés par les événements et suppliaient, d'un air lamentable, M. Langlois de fermer l'établissement puisque l'ordre ne pouvait y être maintenu. La vieille femme professeur d'allemand, qui avait plumé son hibou comme un poulet, le berçait maintenant en lui susurrant des mots doux.

« Mais, je ne peux pas lâcher ces enfants dans la rue ! » objecta le principal visiblement indécis.

Le professeur de gymnastique qu'enfin Mlle Dutillard avait, en pleurant de rire, détaché de son cheval d'arçons, faisait des gestes de karatéka et hurlait d'épouvantables injures japonaises. Voyant Mlle Dutillard en larmes, il avait cru bon de la consoler en la prenant dans ses bras velus, mais elle l'avait sauvagement mordu. Surpris par cette prise secrète du maître Kung-y-fung, le pauvre avait crié « aïe » en coréen et l'avait lâchée.

C'est le moment que choisit Marcel pour

hurler dans le micro en tendant le doigt vers l'hélicoptère, immobile, au-dessus de la cour :

« Attention... ! Ils vont nous bombarder ! »

Ce fut la panique. Tout le monde se rua sous les préaux, les mains sur la tête. M. Langlois et quelques enseignants particulièrement courageux restèrent au milieu de la cour et prirent la décision qui semblait s'imposer : fermer l'établissement. Ils parvinrent non sans mal à réunir les classes et à donner aux élèves des consignes très strictes pour rentrer chez eux par le plus court chemin.

« Ce que vous faites est criminel, monsieur le principal ! hurla tout à coup une voix bien connue. Vous osez lâcher ces enfants sans défense dans la rue où les attendent les pires dangers ?... »

C'était M. Maloin qui avait réussi à s'échapper de son bureau et arrivait à fond de train, poursuivi par les deux surveillants chargés de le garder.

« Je n'aurais jamais cru qu'il courait si vite ! » fit remarquer Cécilia médusée.

Effectivement, le surveillant général fonçait comme un obus et disparut dans un couloir.

« Rattrapez-le ! soupira le principal d'une voix si lasse que personne ne lui obéit. De toutes les façons le quart des élèves est déjà parti sans attendre ma permission ! »

L'évacuation de l'établissement se fit dans le désordre le plus absolu. Les professeurs, débordés et hagards, s'étaient réparti les élèves les plus jeunes ou ceux qui avaient peur de rentrer tout seuls chez eux.

Cécilia, Vincent et Paul décidèrent de se promener un peu.

« Tu sais, murmura Vincent, je commence à y croire, à cette histoire de boucle temporelle...

— Nous ne sommes tout de même pas à l'origine de cette monstrueuse pagaille ! s'écria Paul. Non, mais regardez-moi ça ! »

Certaines rues étaient paralysées par les automobilistes qui gesticulaient ou faisaient d'épouvantables grimaces vociférantes autour de leurs véhicules immobilisés, les quatre pneus à plat.

« Vous vous rendez compte ?... La rue est pleine de clous, c'est inimaginable... C'est un véritable scandale ! Qu'est-ce que je vais faire de ma voiture, hein ? Je n'ai qu'une roue de secours, moi ! hurlait l'un.

— Pas possible, je rêve ? Je roulais tranquillement et tout à coup, paf... trois pneus crevés ! gémissait un autre en se tapant le front contre le pare-brise. Je ne comprends d'ailleurs pas pourquoi le quatrième est intact, c'est bizarre, ça ! Oui, vraiment bizarre... Si je tiens le petit mariole qui m'a...

— Et moi, j'ai pas de temps à perdre,

glapissait un troisième en brandissant un attaché-case qui ne tarda pas à s'ouvrir et à répandre son contenu sur la chaussée.

— Pourquoi ? Vous croyez peut-être qu'on en a, nous ? demandait une dame très élégante dans une minuscule voiture rouge.

— C'est ta faute, Albert ! grognait une grosse dame. Tu as voulu passer par cette rue, je te l'avais bien dit que ce quartier est mal famé avec tous ces voyous... !

— Écoute, Georgette, rugit le petit mari tout maigre, en montrant de longues dents jaunes. Tais-toi ! Je suis déjà assez empoisonné comme ça...

— Oh ! évidemment, ce que je dis ou rien... » grogna la dame avec un soubresaut gélatineux et offusqué.

Les voitures qui avaient la chance d'être dans des rues où il n'y avait pas de clous n'étaient pas mieux loties, car elles ne pouvaient pas avancer, à cause des embouteillages. Les klaxons beuglaient sans interruption. Des agents de police galopaient sur les trottoirs, l'air affolé. Certains, assaillis par la population et pressés de questions, tentaient de se réfugier sous les porches des immeubles, mais les automobilistes furieux allaient les en déloger pour les contraindre à régler la circulation qui n'en demeurait pas moins complètement paralysée. Deux ou trois hélicoptères tournoyaient dans le ciel comme de gros insectes indécis.

des agents de police, l'air affolé......

Vincent, Paul et Cécilia se réfugièrent sous une porte cochère pour laisser passer une ambulance qui roulait sur le trottoir tous phares allumés et sirène hurlante. Quelques voitures tentèrent d'emprunter le même chemin, mais un agent de police, cramoisi et sifflant sans interruption, les en empêcha. Comme un des automobilistes faisait mine de passer outre, l'agent se mit à taper sur le capot avec le plat de la main en continuant à souffler en cadence dans son sifflet. Le conducteur descendit de sa voiture et lui donna un grand coup sur le képi qui lui descendit jusqu'aux oreilles. Ils faillirent se battre, mais des gens bien intentionnés les séparèrent.

La concierge de l'immeuble où s'étaient réfugiés Vincent et ses deux amis n'arrêtait pas de glapir d'une voix stridente :

« C'est les Allemands qui nous ont encore attaqués, je vous l'avais toujours dit, qu'ils reviendraient... »

Tout à coup, un bataillon de farouches C.R.S. passa au petit trot. Un vieux monsieur en robe de chambre rose et pyjama blanc rayé de bleu parlait tout seul au milieu de la rue en agitant sa canne.

« C'est marrant... rigola Paul.

— Plutôt, renchérit Vincent, et on a eu une drôle de veine d'échapper à la compo d'histoire.

— Et si c'était nous qui avions profité

de cette boucle pour échapper à la compo ? » suggéra Cécilia.

Mais elle ne fut pas écoutée car au même moment trois policiers, l'air hagard, passèrent dans la rue. L'un d'eux, muni d'un mégaphone, incitait les gens à garder leur sang-froid, à ne pas sortir de chez eux.

Tout le monde se rua aussitôt vers les trois hommes pour savoir ce qui se passait. Les trois policiers furent bientôt assaillis par une grappe humaine. On entendit le mégaphone vociférer de rester calme, puis il y eut quelques remous, on vit deux képis amorcer un vol plané, et la grappe humaine se dirigea vers un immeuble où, apparemment, les policiers tentaient de trouver refuge.

« Bon, on va pas rester là ? demanda Vincent. Ça risque de durer et nos parents vont mourir d'inquiétude.

— Surtout, ajouta Cécilia, que s'ils ont téléphoné au C.E.S., ils sauront qu'on est dans la rue. Ma mère aura une syncope et mon père se mettra à beugler que c'est pas le moment.

— Telle que je connais ma mère, elle va encore craindre que mon père ait une crise cardiaque. Elle n'arrête pas de nous empoisonner avec les dangers de l'infarctus... soupira Paul.

— Je vous propose un truc, lança Vincent. L'appartement le plus proche est celui de mes parents. Nous n'avons qu'à y aller et de là, vous pourrez téléphoner... »

Ils durent se frayer un chemin au milieu d'une foule de plus en plus dense et hallucinée car tous les immeubles se vidaient dans la rue.

« On se croirait dans une manifestation ! » plaisanta Paul.

Le vacarme des avertisseurs avait quelque peu diminué. Pour la plupart des automobilistes, il était évident qu'ils ne repartiraient pas de sitôt. Certains avaient déjà abandonné leurs véhicules et étaient partis à pied. D'autres s'étaient regroupés et, le premier mouvement de mauvaise humeur passé, comprenant qu'il s'agissait d'un embouteillage extraordinaire, semblaient un peu surexcités.

« On y va ? proposait l'un.

— Oui, mais où ? demandait l'autre. Au travail ou chez nous ?

— Oh ! je rentre chez moi !

— Moi, je vais au boulot. Mais, vous savez, on aura autre chose à faire qu'à travailler ! »

Quelques débrouillards, fort peu nombreux, s'étaient précipités dans les garages pour y acheter quatre chambres à air. Mais ils se trouvaient, leurs chambres à air à la main, tout aussi coincés qu'avant et bien plus isolés car les autres les regardaient avec hostilité. A côté de ces partisans de la débrouillardise individuelle, il y avait ceux qui s'organisaient collectivement à l'initiative des conducteurs d'autobus ; grâce à leur téléphone et à leur dissémination dans Paris, ils étaient en effet les gens les mieux renseignés, bien mieux que les policiers.

Des groupes comptaient le nombre de chambres à air nécessaire par rue et s'apprêtaient à centraliser les informations dans les mairies d'arrondissements. Dans les immeubles, beaucoup de voisins qui ne s'étaient jamais parlé étaient en grande conversation. Certains invitaient les ex-automobilistes à venir prendre un verre et à regarder les reportages exceptionnels que la télévision commençait à diffuser.

Le trio réussit à gagner la maison des Larchand. Ils s'installèrent en branchant la radio qui commentait la situation pour les auditeurs de province et des quartiers de Paris ou de la banlieue épargnés par cette étrange invasion de clous.

« Et si on faisait un peu le point ? proposa Paul après avoir, ainsi que Cécilia, téléphoné à ses parents pour les rassurer sur son sort.

— Moi, ce que je trouve bizarre, c'est quc nous ne nous souvenions de rien à propos de cette boucle temporelle... dit Cécilia en ouvrant voluptueusement la boîte de jus d'ananas que Vincent avait déposée devant elle.

— Pas tout en même temps, gémit Paul,

c'est fou ce que vous manquez de méthode, les nanas !

— Parce que vous, les mecs, vous êtes peut-être plus...

— Ah ! Vous n'allez pas commencer à vous manger le nez, tous les deux ? s'écria Vincent. Y a peut-être des choses plus urgentes à faire ?

— Reprenons depuis le début : on rencontre une fille bizarroïde qui a l'air de beaucoup s'intéresser à toi, Vincent.

— Faut rien exagérer...

— Si, c'est vrai ! insista Cécilia, une pointe d'ironie dans la voix.

— Elle nous suit dans la classe, se fait repérer par Dutillard qui l'expédie chez le principal, escortée de Marcel et de toi, et c'est là que tout commence... Faut avouer que votre retour a sauvé Lanveau d'un drame...

— On n'est pas là pour parler de la femme en mauve, fit remarquer Cécilia. C'est au moment où tu es rentré que les choses bizarres ont commencé et puis, il y a eu cette histoire de magnétophone...

— Ah ! oui. Le magnétophone... C'est au fond notre seule vraie preuve... »

Ils discutèrent quelque temps du magnétophone, évoquèrent les kilomètres faits par la voiture de M. Maloin et finirent par conclure que la fille mystérieuse venait peut-être réellement du futur. Dans ce cas, il était possible qu'elle les ait fait entrer dans une boucle temporelle. Mais ils attendaient encore d'autres indices pour le croire vraiment. Ils avaient bien du mal à imaginer qu'ils pouvaient être les auteurs de tous ces méfaits !

« Des nouvelles sur le hold-up que les observateurs n'hésitent pas à baptiser le hold-up du siècle... annonça tout à coup le speaker. Il semble maintenant bien établi que l'argent subitement apparu au milieu de la place de la Concorde, aux pieds de deux agents de police, dont l'un est tombé en syncope et dont l'autre ne parvient pas à tenir des propos cohérents, provient de différentes banques dans le quartier des Champs-Élysées. Plusieurs coffres, en effet, ont été dévalisés. La police est très perplexe car les audacieux gangsters n'ont laissé aucune trace de leur passage et surtout, on ne comprend pas pourquoi ils ont déposé leur butin place de la Concorde. D'autre part, la méthode utilisée pour ouvrir les coffres a attiré l'attention des enquêteurs. Cette méthode qui rappelle beaucoup celle du fameux Dino le Sicilien n'a plus été utilisée depuis un grand nombre d'années. Un petit mot, indiquant où se trouvait l'argent, avait été déposé dans chaque banque, mais l'écriture, de toute évidence maquillée, ne semble guère utile aux enquêteurs... De plus, d'étranges couleurs sont subitement apparues sur le visage des piétons circulant sur les Champs-Élysées. L'honorable avenue a tout à coup ressemblé à un village indien le jour de l'ouverture de la chasse au bison. Fait stupéfiant, la célèbre boutique de maquillage Carlotta Ropenstein a été dévalisée contre remboursement. Les vendeuses atterrées se sont barricadées dans leur boutique et refusent d'ouvrir à la police, qu'elles aspergent des parfums les plus chers du monde. Le commissaire Bobard est sur place et Hippolyte Duvivier a pu le rencontrer :

« A votre avis, monsieur le commissaire, est-ce encore un coup de l'Ennemi public numéro quinze ?

— Mumpf...

— Avez-vous déjà des indices ?

— Mumpf...

— Je suppose que, comme à l'accoutumée, cette enquête va être des plus brèves...

— Mumpf...

— Je vois que le dénouement approche...

— Mumpf...

— Eh bien, chers auditeurs, le commissaire Bobard s'éloigne. Il commence à pleuvoir sur la place de la Concorde, tandis que des agents manipulent ces cartons qui regorgent de billets et dont un seul ferait la fortune de gens comme vous et moi... »

« C'est marrant cette histoire de hold-up ! Tu te rends compte, la tête des flics et des directeurs de banque ? J'aurais voulu être

Avez vous des indices?

là !... dit Vincent en coupant la radio.

— Tu y étais peut-être, si nous étions dans la boucle temporelle.

— Et tu crois que c'est nous qui avons ouvert le coffre-fort ? demanda Paul. Habiles comme on est, on n'arriverait même pas à casser nos tirelires.

— Au fait ! Si c'était vraiment Dino le Sicilien ! s'exclama Cécilia.

— Mais qu'est-ce qu'il viendrait faire dans cette histoire ? demanda Paul.

— Je le connais très bien, c'est mon oncle. Je vous en ai déjà parlé, il avait la manie d'ouvrir les coffres-forts comme y en a qui jouent aux boules, et tu as vu, on dit à la radio que...

— Et il est toujours en liberté ? ironisa Paul.

— Oh ! Il a été logé gratuitement pendant cinq ans dans une prison. Maintenant, il est rangé des voitures, comme il dit. Mais nous sommes peut-être allés lui demander de nous aider pendant que nous étions dans la boucle...

— Non mais tu délires, ma vieille ! » s'écria Paul. Il commençait à craindre d'être mêlé à cette affaire de hold-up, et trouvait l'histoire pas drôle du tout.

« J'ai envie de lui téléphoner pour lui demander, insista Cécilia.

— Bof... s'il est comme nous, il ne se souviendra de rien ! »

Cécilia se dirigeait vers le téléphone quand un grand vacarme se fit dans l'entrée. Quelqu'un se rua dans la pièce en criant : « Vincent ! »

10

« Mais enfin, maman ! Qu'est-ce qui t'arrive ? demanda Vincent, l'air un peu surpris.

— Tu as vu ce qui se passe ? J'ai téléphoné à ton C.E.S. où on m'a dit que vous étiez rentrés chez vous. J'ai aussitôt appelé ici, mais personne ne m'a répondu ! Où étais-tu ?

— On était allés faire un tour, pour voir la tête des gens, je t'assure que ça valait son pesant d'or, comme dirait papa.

— Au fait ! J'aimerais bien qu'il soit ici, celui-là ! maugréa Mme Larchand.

— Je croyais que vous étiez d'accord pour qu'il parte voyager...

— Oui, bien sûr, mais je ne pouvais pas

prévoir que les Martiens débarqueraient en son absence...

— Ce ne sont pas les Martiens, madame, intervint Cécilia. C'est nous qui... Aïe ! Ça va pas la tête, non ? »

Mme Larchand regarda Cécilia d'un air étonné et un peu vexé.

« C'est à moi que tu parles ? demanda-t-elle.

— Non, madame. C'est à Paul, qui me donne des coups de pied.

— On pourrait peut-être essayer de déjeuner ? proposa Vincent, plus pour détourner la conversation que parce qu'il avait faim.

— Manger ? Et puis quoi encore ? Je n'ai pas faim, moi ! soupira sa mère. On raconte partout qu'une bande de gangsters écume la capitale et que c'est eux qui ont semé des clous pour que la police ne puisse pas les rattraper. Évidemment, M. Larchand père se promène on ne sait où et M. Larchand fils ne prend pas sa mère au sérieux... »

Mme Larchand ne put s'empêcher de sourire.

« Parce que môssieur ne croit pas aux histoires que raconte la radio, n'est-ce pas ?

— Tu as déjà vu des gangsters qui entreposent leur butin place de la Concorde, aux pieds de deux agents de police ? Tu sais, si tu crois tout ce que disent les gens... déclara Vincent, hautain.

— Écoute, mon cher fils... Ce n'est pas

parce que ton père n'est pas là qu'il faut te prendre pour lui et te moquer de l'avis de la terre entière...

— Mais, enfin, maman, d'ordinaire tu es toujours d'accord avec lui...

— Eh bien, nous ne sommes pas d'ordinaire. Un point c'est tout. Allez, disparaissez dans la cuisine vous faire une omelette ou vous ouvrir une boîte de conserve. Moi, j'ai envie d'écouter la radio tranquille ! »

Les trois amis disparurent sans demander leur reste et commencèrent à piller systématiquement le réfrigérateur. Cécilia prépara un concombre avec un yaourt et des fines herbes. Paul se demanda avec inquiétude ce que donnerait cette mixture. Ils avalèrent ensuite trois tomates, une boîte de lentilles au petit salé et une crème au chocolat accompagnée d'un paquet de petits-beurre. Paul et Cécilia burent une bouteille de Coca-Cola. Vincent refusa d'un air dégoûté d'y tremper les lèvres car il trouvait que ce breuvage donnait mauvais goût à tout ce qu'on mangeait.

« C'est bizarre, dit Paul, mais j'ai l'impression d'avoir énormément mangé et pourtant...

— Moi aussi, reconnut Vincent, je ne pourrais plus rien avaler... »

Il regarda Cécilia qui semblait un peu assoupie sur sa chaise.

« Et toi ? demanda-t-il.

— Oh ! moi... moi, je crois que je vais

avoir une indigestion. Tu sais, je me demande si nous n'avons pas mangé dans cette boucle.

— Ça c'est vrai... Je n'y avais pas pensé. Allons voir ce que devient ma mère. Elle a peut-être été enlevée par les Martiens ! »

Dans la salle à manger, ils retrouvèrent Mme Larchand devant la télévision allumée et tenant contre son oreille son transistor de poche. Elle ne les entendit pas entrer, absorbée par ce qu'elle entendait et ce qu'elle voyait. La télévision présentait un reportage sur le déblaiement des rues de Paris : un régiment de soldats balayait consciencieusement les clous, tandis que des cordons de C.R.S. tenaient les curieux à distance. Des équipes spécialisées de la préfecture de Police enlevaient les voitures dont les pneus étaient crevés. Les choses se compliquaient lorsqu'il s'agissait d'autobus ou de camions.

Puis le présentateur annonça que le B.H.V. et les principales quincailleries aux alentours avaient vu leur stock de clous dévalisé, toujours contre remboursement en espèces. Un épicier italien et un pompiste avaient reçu la visite du ou des acheteurs fantômes. Les directeurs de banque avaient trouvé sur leur bureau des comptabilités très exactes de l'argent qu'on leur avait subtilisé pour le déposer place de la Concorde. Le ou les Arsène Lupin étaient décidément des maniaques de la comptabilité. Les recherches s'orientaient vers les écoles de comptabilité de la région parisienne et on interrogeait sans relâche les intendants des hôpitaux psychiatriques de la capitale.

« Vous voyez... murmura Vincent à Paul et à Cécilia. C'est bien ça... On a dû s'arrêter pour manger. C'est pour ça qu'on n'avait pas très faim. »

Le ministre de l'Intérieur avait succédé aux journalistes. Il lisait un texte :

« La France vient d'être victime d'une tentative de subversion que seule l'extrême vigilance des forces de l'ordre a pu empêcher de prendre des proportions catastrophiques. Cette dernière manifestation d'un complot aux ramifications multiples et qui s'étendent loin au-delà de nos frontières ne peut que renforcer le gouvernement dans sa détermination de protéger les biens et les personnes. Une réglementation plus stricte du droit de manifestation, et un contrôle plus serré des étrangers circulant ou résidant en France, s'imposaient déjà. Toutes les Françaises et tous les Français peuvent maintenant comprendre pourquoi, et se mobiliser pour faire face. Car il nous faut de la vigilance, encore de la vigilance, toujours de la vigilance ! »

Les chefs de l'opposition lui succédèrent. L'un parla d'une ruse des patrons pour ne pas payer les ouvriers et demanda aux Français de rester responsables. Un autre déclara qu'il avait toujours prédit ce qui venait de se passer et que c'était vraiment dommage qu'on n'ait jamais voulu l'écouter. Le troisième affirma qu'il y avait du vrai et du faux partout et que l'essentiel était maintenant de savoir où était le vrai et où était le faux.

« C'est plutôt eux et leurs semblables qu'il faudrait contrôler davantage ! dit Mme Larchand en éteignant rageusement la télévision.

— Bon. Je vais accompagner Paul et Cécilia, dit Vincent.

— D'accord ! répondit sa mère. Mais ne traîne pas trop. Et s'il y a quelque chose, téléphone-moi immédiatement ! »

Le lendemain matin, Vincent apprit par la radio que Paris avait retrouvé un peu de son calme, mais que les rues étaient toujours bloquées par les voitures aux pneus crevés et que son C.E.S. resterait fermé pour éviter tout incident.

« Le surveillant général de l'établissement a dû être hospitalisé dans la nuit. Il avait en effet essayé de forcer les portes de l'Élysée en se prétendant le bras droit du ministre de l'Intérieur et avait été interpellé par les gardes non sans une résistance acharnée. Le principal a déclaré que M. Maloin, fonctionnaire dévoué et compétent, se faisait depuis quelque temps une idée très particulière de sa fonction. »

Vincent ne put s'empêcher de téléphoner

aussitôt à Cécilia. Elle venait aussi d'entendre la nouvelle à la radio :

« Tu sais, dit-elle, je crains qu'il ne reste longtemps à l'hôpital. Ce serait vraiment dommage.

— Oui... pourvu qu'ils ne le guérissent pas ! ironisa Vincent. Dis donc, tu as repensé à ce qui nous est arrivé ? Moi, j'ai fait un rêve où j'ai vu l'inconnue du passage Grandnor... Elle me disait qu'elle s'appelait Sandrine et qu'elle était venue pour une mission ultra-importante. Devine laquelle ? Ramener un diplodocus chez elle, mais comme sa machine à voyager dans le temps était déréglée, elle avait atterri à notre époque... »

Cécilia éclata de rire au bout du fil.

« C'est pas mal, ton histoire, mais je ne sais pas pourquoi, Sandrine, ça me dit quelque chose...

— Moi aussi, c'est bizarre, hein ? Peut-être qu'elle s'appelait Sandrine, et d'ailleurs, en me réveillant, j'ai eu l'impression d'avoir vraiment vécu cette boucle.

— Tu en as parlé à ta mère ?

— Non, avoua Vincent, et toi ?

— Moi, mon père est persuadé que c'est le début de la fin du monde et que tout ça, c'est la faute à la télévision qui raconte tout et n'importe quoi ! Quant à ma mère, elle ne dit rien, mais je crois qu'elle a très peur. Alors, si je leur dis quoi que ce soit, ils vont m'emmener voir un psychologue pour savoir

...ramener un
diplodo-cus
chez elle...

si je suis normale. Et si par hasard il leur dit oui, je vais me faire engueuler pour avoir raconté des mensonges.

— Tu as raison... le mieux est peut-être de ne rien dire. A propos, tu as entendu à la radio l'interview du vendeur du rayon quincaillerie au B.H.V. ?

— Non et alors ?

— Eh bien, il disait qu'il avait tourné la tête un instant et que lorsqu'il s'était retourné, il n'y avait plus un seul clou dans son rayon... et en face de lui, un vieux bonhomme, qui achetait des clous, se tenait le cœur comme s'il allait se trouver mal tandis que la vendeuse d'un rayon voisin le regardait d'un air terrorisé en poussant de petits cris inarticulés. Là aussi, il y avait un petit mot et de l'argent !

— Donc, encore une fois, tout s'est passé à une vitesse incroyable.

— Oui. Et tu as téléphoné à Dino le Sicilien ?

— Oui... Il trouve ce hold-up très amusant et bien réussi et dit qu'il aurait bien aimé le faire, mais que le cambrioleur avait opéré en utilisant sa méthode. Quand je lui ai demandé s'il ne se souvenait pas d'y avoir participé dans notre boucle temporelle, il a beaucoup ri en me disant que je lisais trop de bandes dessinées. Il dit aussi qu'en fait de hold-up, c'est lui qu'on a volé : il ne retrouve plus une assez grosse somme qu'il avait laissée dans son appartement !

— Mais alors, ça pourrait être lui qui a payé la nourriture, l'essence et les clous. Au fait, et si on se voyait pour en discuter ? Téléphone à Paul pendant que j'arrive ! »

Vincent alla s'habiller et, après avoir longuement choisi son foulard, il se précipita dans la rue. Beaucoup de policiers patrouillaient pour éviter que les maniaques du clou ne frappent encore une fois...

Quand Vincent arriva chez Cécilia, Paul y était déjà. Il avait eu un mal fou à convaincre ses parents de le laisser sortir. De plus, il avait rencontré Mlle Dutillard qui, furieuse de ne pas faire sa promenade matinale en allant à pied au C.E.S., arpentait le quartier.

« Alors, Paul, lui avait-elle lancé, avez-vous trouvé le coupable ?

— Ben... euh... C'est-à-dire que... à la rigueur..., avait bredouillé Paul qui avait peur d'elle.

— Toujours aussi loquace, mon cher. Mais ne vous inquiétez pas, ils vont certainement recommencer et ce sera très bien. Car je trouve que Paris sans voitures est une belle ville ! De plus, et tout à fait entre nous, cette histoire n'est pas encore assez délirante... »

Et elle était repartie de son pas énergique.

Deux vieilles dames avaient entendu la conversation. Elles se précipitèrent sur le premier agent de police venu et se mirent à glapir que le chef de la bande était une femme.

« Oui, monsieur l'agent, elle est grande et porte une jupe mauve et un corsage noir sans manches.

— Pas du tout ! répliqua l'autre. Elle a une jupe noire et un corsage mauve et elle est petite ! »

Paul n'avait pu s'empêcher de penser aux parents de Vincent qui disaient que quand dix personnes assistaient à un événement quelconque, il y avait toujours dix versions différentes, sans compter les récits, encore plus nombreux, de ceux qui n'avaient rien vu du tout.

Vincent, Cécilia et Paul passèrent la matinée à se raconter ce qu'ils avaient entendu.

« Nous ne pourrons sans doute jamais savoir si c'est nous qui avons vraiment été la cause de tout ça, mais en tout cas, on pourra dire qu'on a vécu un sacré truc ! » conclut Paul.

Lorsque Vincent rentra chez lui, il entendit sa mère rire dans la salle de séjour. Vu son humeur du matin, il se demanda ce qui l'amusait tant.

Il entra prudemment et la vit assise sur les genoux d'un homme qu'il ne voyait que de dos et dont elle caressait les cheveux. Il blêmit, pâlit, verdit, puis rosit tout à coup de bonheur : il venait de reconnaître la forme très particulière du crâne de son père.

« Papa !

— Salut, Vincent ! Tu vois, j'ai interrompu ma balade pour venir voir de plus près ce qui se passe ici. Ta mère me dit que ça t'amuse beaucoup et que... »

Vincent interrompit son père en lui sautant au cou. Mais il ne put s'empêcher de lui raconter l'hypothèse du trio sur les événements de la veille.

M. Larchand trouva l'histoire très farfelue et très à son goût, mais refusa d'en croire le moindre mot.

« Ce n'est pas parce qu'on ne comprend pas quelque chose qu'il faut inventer n'importe quoi. Mais je trouve ton histoire beaucoup plus drôle que celles qui veulent nous faire croire à des complots imaginaires... Cela dit, j'ai faim et je vais vous préparer des œufs au plat dont vous me donnerez des nouvelles !

— Chic, alors ! » hurla Vincent.

Son père, en effet, contrairement à quatre-vingt-dix-neuf pour cent des gens, savait cuisiner les œufs sur le plat.

Comprenant que ses parents ne croiraient jamais à la boucle temporelle, Vincent jugea inutile d'insister.

Mme Larchand se mit les pieds sous la table et écouta en souriant le vacarme épouvantable que son mari et son fils faisaient dans la cuisine.

«c'était
une boucle
temporelle.....»

L'après-midi, les trois amis se promenèrent un bon moment dans les rues. Vincent avait raconté à Paul et à Cécilia que son père avait ri quand il lui avait parlé de la boucle temporelle. Alors qu'un grand nombre d'indices conduisaient les trois amis à croire le bref message de la bande magnétique, ils s'apercevaient qu'il serait impossible de convaincre qui que ce soit de leur reconstitution des événements.

« Vous vous rendez compte qu'on est les seuls à savoir ce qui s'est passé !

— A savoir en partie... rectifia Paul.

— Mais à savoir quand même, remarqua Vincent.

— Ce sera comme un secret entre nous ! » conclut Cécilia.

Au moment où ils allaient emprunter le passage Paul-Émile Grandnor, Marcel vint rapidement à leur rencontre.

« Alors... Qu'est-ce que vous dites de tout ça ? demanda-t-il.

— Bof... répondit Vincent.

— Eh bien, moi je vais vous dire... c'est sûrement Nabu et d'autres dingues de son espèce qui ont fait ça dans un moment de folie ! »

Après une pause, Marcel reprit :

« Bon... Je suis pressé. Salut ! »

Vincent, Cécilia et Paul se regardèrent un moment sans rien dire. Puis ils éclatèrent de rire.

France-matin

6,50 F . SAMEDI 2 JUIN 2019 **Nelle SERIE . N° 139200**

EXCLUSIF !

une surprenante révélation

Le mystère de la folle journée du 24 mai 1980, enfin éclairci !

Vincent Larchand, le célèbre savant qui aurait mis au point un moyen révolutionnaire de voyager dans le passé et qui était hospitalisé ces derniers temps dans un état grave vient à la fois de guérir et de révéler au monde la stupéfiante nouvelle.

Il serait parvenu à envoyer sa fille dans le passé à l'époque de son enfance. Sandrine Larchand aurait réussi à prélever à son père enfant du sang qui aurait permis de régénérer son organisme détruit par la maladie.

En outre, Sandrine Larchand a révélé que des événements indépendants de sa volonté l'avaient mise dans l'obligation de faire entrer certains petits camarades de son père dans une boucle temporelle *(suite p. 2)*

Composition réalisée par COMPOFAC - PARIS

IMPRIMÉ EN FRANCE PAR BRODARD ET TAUPIN
58, rue Jean Bleuzen - Vanves - Usine de La Flèche.
LIBRAIRIE GÉNÉRALE FRANÇAISE - 14, rue de l'Ancienne-Comédie - Paris.
ISBN : 2 - 253 - 03817 - 2

42/0219/8